PRÉCIS

SUR

GUERANDE, LE CROISIC

ET

LEURS ENVIRONS.

Le nombre d'exemplaires exigé par la loi, a été déposé à la Préfecture de la Loire-Inférieure.

Ceux qui ne sont point revêtus de la signature de l'auteur sont réputés contrefaits.

A PARIS,

Chez M. J.-L.-F. Foucault, Libraire, rue des Noyers, n.° 33.

A NANTES,

Chez les principaux libraires.

A GUERANDE,

Chez M. Le Bel, Directeur des postes.

AU CROISIC,

Chez M. Gallerand aîné, Maire.

PRÉCIS

HISTORIQUE, STATISTIQUE ET MINÉRALOGIQUE

SUR

GUERANDE, LE CROISIC

ET LEURS ENVIRONS,

Précédé d'un abrégé de l'Histoire de Bretagne,

jusqu'à la réunion de cette contrée au royaume de France,

Avec une carte de l'ancien territoire de Guerande,

Par J. MORLENT.

Amica veritas.

A NANTES,

Chez M.me Kermen, Libr.-Editeur, Haute-Grande Rue.

DE L'IMPRIMERIE DE MELLINET-MALASSIS.

1819.

A Monsieur le Comte de***

Monsieur le Comte,

J'ai vu l'intérêt que vous portez à cette partie du département de la Loire-Inférieure dont j'ébauche l'Histoire ; j'ai vu le bien que vous avez fait, et j'ai osé vous dédier mon ouvrage. En vous payant ce léger tribut, je ne prétends pas acquitter la dette de la Reconnaissance ; votre Nom prononcé par les Habitans de cette contrée avec un respect mêlé d'admiration, est un plus noble témoignage de leur gratitude.

Agréez, avec ce faible hommage qui ne vous est point offert par la flatterie, l'expression des sentimens respectueux avec lesquels je suis,

Monsieur le Comte,

Votre très-humble et très-obéissant serviteur,

Morlent.

AVERTISSEMENT.

LORSQUE j'entrepris, à la sollicitation de plusieurs personnes, de décrire l'ancien territoire de Guerande, j'étais loin d'avoir la pensée de commencer mon ouvrage par un PRÉCIS DE L'HISTOIRE DES DUCS DE BRETAGNE ; mais j'ai été entraîné par le sujet même qu'on m'avait choisi. Effrayé des obligations que je contractais, des obstacles qu'il me fallait surmonter pour faire passer, dans un petit nombre de pages, sous les yeux du lecteur, des événemens qui occupent quinze siècles dans les annales du monde, vingt fois j'ai abandonné mon travail : je l'ai repris ; le desir d'être utile l'a emporté sur toute autre considération. Pour remplir la tâche que je me suis imposée, il faut, dit un homme d'esprit, se tracer un plan simple et bien ordonné ; faire des recherches dans tous les ouvrages qui existent sur le sujet qu'on veut traiter ; ne rien mentionner d'inutile, ne rien omettre d'important ;

il faut qu'un tel livre ressemble aux petits tableaux qui, dans un cadre resserré, représentent le plus vaste horison.

Je n'ai pas la présomption de croire que j'ai rempli toutes ces conditions ; je sais seulement que je n'ai épargné ni veilles, ni recherches, ni dépenses pour atteindre ce but.

L'histoire des premiers tems de la monarchie bretonne est aussi obscure que la première époque de la monarchie française. Je ne me suis donc pas arrêté à de grands détails ; car, dans ce cas, moins on écrit, moins on commet d'erreurs. J'ai suivi l'histoire publiée par GUYOT-DESFONTAINES, en évitant les fautes dans lesquelles il est tombé. J'ai recueilli les faits intéressans épars dans LOBINEAU, D'ARGENTRÉ, etc.

Ce que j'appelle la seconde partie de mon travail m'a coûté moins de peines. La raison en est simple, je voyais devant moi les tableaux que j'avais à copier. Horace a dit :

Respicere exemplar vitæ, morumque jubebo,
Doctum imitatorem, et veras ducere voces.

(Ars Poetica.)

« Celui qui veut peindre les mœurs doit avoir
» sous les yeux les modèles vivans que la société
» lui offre, afin d'y recueillir l'expression vraie
» de la nature. »

Je n'ai point exclu ce qui pouvait orner de quelques fleurs la route que j'ai parcourue, mais j'ai rejeté avec soin toutes les choses qui n'étaient pas marquées au coin de la vérité.

PRÉCIS

HISTORIQUE, STATISTIQUE ET MINÉRALOGIQUE

SUR

GUERANDE

ET SES ENVIRONS.

Origine des Bretons.

On ne doit pas s'attendre à trouver ici une dissertation scientifique sur l'origine des Bretons; il faudrait pour la constater, cette origine, des titres sûrs, et nous en manquons. Seulement il paraît certain que, 613 avant J. C., cette partie du royaume de France appelée Bretagne, était habitée par des peuples qui obéissaient au gouvernement républicain. Vannes avait un sénat, et nous ne voulons point contester à ses premiers habitans l'honneur d'avoir donné leur nom à Venise (1). Nous savons, parce que César lui-même nous

(1) Voyez Polybe, Strabon, l'empereur Julien.

nous l'apprend dans ses commentaires, qu'il fit la guerre aux Vénètes pour les punir d'avoir violé le droit des gens, et que, les ayant vaincus, il vendit à l'encan les citoyens de la ville, après avoir fait crucifier le sénat, sévérité opposée à son caractère.

Pendant 400 ans la Bretagne fut gouvernée par des lieutenans des empereurs romains.

CONAN MÉRIADEC.

Ce guerrier, Anglais d'origine, ayant suivi en Bretagne (vers l'an 383) Maxime, qui commandait en Angleterre sous Gratian, en obtint le titre de Roi de l'Armorique (1). Conan ravagea le Poitou, la Saintonge, le Limousin, se rendit maître de Bourges, et revint en Bretagne où il s'occupa de la police de ce nouveau royaume. Il créa six évêques qui n'eurent que l'autorité spirituelle. Ce prince mourut en 421, à St.-Pol de Léon. Son tombeau portait cette inscription :

Hic jacet
Conanus
Rex Britonum.

---

(1) L'Armorique comprenait, avant l'occupation des Gaules par les Francs, le Maine, l'Anjou, la Touraine, la Bretagne, et une partie de la Basse Normandie.

Armorique, en langue Celtique, signifie pays maritime. Il vient d'*armor*, mer.

Grallon.

Grallon, anglais aussi, succéda à Conan, quoiqu'il ne fut ni son fils, ni même de sa famille. Ses exploits contre les peuples qui habitaient la rive gauche de la Loire, le firent respecter de ses voisins. La gloire dont il se couvrit ensuite, en expulsant les Danois et quelques brigands du Nord qui désolaient les pays maritimes, lui mérita le titre de *Grand*, que les Bretons, par reconnaissance, lui décernèrent aprés sa mort arrivée en 445.

Salomon I.er

Fut l'héritier de la valeur et de la couronne de Grallon, son père. Il régna sept ans, et laissa deux fils, Audren et Constantin.

Audren.

Ce prince, fils aîné de Salomon, fut couronné à Rennes, comme ses prédécesseurs. Il donn[illegible], pour ainsi dire, en montant sur le trône, une grande preuve de son peu d'ambition et de l'amour qu'il portait à son peuple. Il refusa la couronne d'Angleterre qui lui était offerte par l'archevêque de Londres, au nom des Anglais qui, libres du joug des Romains, avaient besoin d'un roi courageux pour les défendre contre les Pictes (1) et les Ecossais. Il leur proposa Constantin, son frère, prince d'une grande valeur qui fut élu et couronné. Tandis qu'il régnait, les Romains avaient fait quelques tentatives pour recouvrer la Bretagne.

BUDIC.

Il ne se passa sous le règne de ce prince d'autre événement remarquable que l'expulsion de Vortiger, qui avait usurpé le trône d'Angleterre sur les fils de Constantin. Ceux-ci ayant obtenu de Budic, leur cousin, la permission de lever quelques soldats en Bretagne, défirent l'usurpateur et le brûlèrent dans une tour où il s'était réfugié. Budic était fils d'Audren.

HOEL LE GRAND.

Arthur, roi d'Angleterre, ayant demandé des secours à Hoël *le Grand*, celui-ci lui mena 15,000 hommes; mais pendant ce temps Euric, roi des Visigoths, s'empara de Bourges, conquête

---

(1) *Pictes*, leur nom vient de *Picti*, peints, parce qu'ils étaient dans l'usage, ainsi que les Anglais qui peuplèrent la Bretagne, de se peindre le corps en diverses couleurs.

de Conan, jusqu'alors conservée par les Bretons. Hoël, de retour en Bretagne, força les Visigoths à repasser la Garonne. Il eut à combattre ensuite ces mêmes peuples du Nord qui avaient exercé le courage de Grallon. Ils ne laissèrent point inactive la valeur d'Hoël, qui sut les éloigner des côtes de son royaume. Ce prince régna 32 ans et mourut en 545. Il était fils de Budic.

Quelques auteurs assurent que Hoël ne régna que sur la Basse-Bretagne, et que, vers l'an 509, chassé de ses états par les Frisons, il se réfugia dans le pays de Galles, qu'il gouverna peu de temps.

Hoel II.

Hoël II succéda à son père Hoël le Grand. C'était un prince sans valeur et sans énergie (1). Il laissa troubler ses états par les factions des Seigneurs, et ne fit rien pour les mettre à l'abri des ravages des Danois qui s'établirent dans plusieurs parties du royaume. Ceux-ci cependant furent expulsés de la Bretagne par une colonie d'Anglais qui, chassés de leur pays par les Saxons,

(1) Desfontaines en fait un prince courageux, mais sans humanité.

vinrent se ranger sous la domination d'Hoël, qui mourut sans gloire, en 560.

Le droit de bris (1), concession qu'il fit au Seigneur de Léon, en lui donnant sa fille en mariage, suffirait pour rendre sa mémoire odieuse.

Quoique Rivalon, dit Murmacon, augmente le nombre des rois de Bretagne, comme il ne régna que sur une très-petite partie, et qu'Alain donnait alors des lois à presque tout le royaume, nous avons cru devoir l'omettre dans le nombre ordinal.

ALAIN I.er

Le successeur d'Hoël fut Alain, son fils, qui monta sur le trône en 560. L'histoire de son règne est remarquable par les discussions des

(1). Le droit de Bris, monument de la barbarie de ces temps-là, était appuyé sur un ancien usage, suivant lequel les marchandises qui échappaient aux naufrages sur les côtes étaient confisquées au profit des princes. Ainsi les malheureux jetés par une tempête sur des rives inhospitalières, étaient dépouillés des restes de leurs propriétés que l'océan avait respecté. Cette violation d'une loi sacrée que la nature a gravée dans le cœur des hommes, le respect pour le malheur a subsisté avec des modifications jusqu'au mois de juillet 1735.

On sait, dit M. Kerdanet, qu'un comte de Léon prétendait qu'il avait dans ses terres une pierre plus précieuse que toutes celles de l'univers, et dont il retirait chaque année 1000 sous. Il parlait d'une roche près du goulet de Brest, célèbre par ses naufrages.

comtes de Vannes, de Rennes, de Nantes et de Léon qui usurpèrent toute son autorité et le laissèrent dans l'abjection et le mépris. Juste punition des princes qui n'ont ni dignité, ni courage. Hoël II et Alain peuvent être appelés les rois fainéans de la Bretagne. Ce dernier vit avec son indifférence accoutumée le démembrement de ses états et la misère de son peuple. Le roi de France, Clotaire, s'empara de Rennes et de Nantes. La garde de cette ville fut confiée, par Clotaire, à St.-Félix, son évêque, qui fit de vains efforts pour pacifier le royaume. Rennes ne tarda pas à secouer le joug des Français.

Guerech, comte de Vannes, eut la gloire de reprendre Rennes, et la Bretagne rentra sous l'obéissance de son souverain.

Alain termina son règne et son inutile carrière en 594.

Hoel III.

Les Bretons furent satisfaits de voir les rênes du gouvernement entre les mains d'Hoël III. Ce prince qui, sous le règne d'Alain, avait donné des preuves de valeur, sut faire respecter la nation dont il était le chef. L'exemple d'Hoël-le-Grand, son aïeul, qu'il avait pris pour modèle, augmentait son courage. Il déjoua les projets de Childebert, roi de France, qui voulait rentrer dans la possession de Nantes et de Rennes. Il fit plus ; les Français s'étant approchés de cette dernière ville, en nombre supérieur, furent mis en déroute par l'armée d'Hoël. Il montra dans cette bataille ce que peut la valeur unie à la prudence. Hoël fut récompensé de ses vertus par un long règne, que la paix lui permit de consacrer au bonheur de son peuple. Il mourut en 627, généralement regretté par la Nation bretonne, dont sa bravoure avait assuré le repos.

Salomon II.

L'histoire ne nous a presque rien appris du règne de ce prince, fils d'Hoël ; on sait qu'il fit bâtir l'Eglise de St.-Mélaine de Rennes, et qu'il accorda un secours de 10,000 hommes à Cadualon, fils de Caduan, roi d'Angleterre, contre Edwin son frère, qui *mourut de la mort des braves*. Salomon II avait de bonnes mœurs. Il régna 20 ans (1).

Alain le Long.

Il succéda à son oncle en 660 et finit sa vie en 690. Il s'intitulait roi, *Dei gratiâ*.

(1) Nous avons omis Judicaël, parce qu'il ne régnait, sous Dagobert, que dans la Basse-Bretagne.

Depuis Hoël II jusqu'à Hoël III, sept souverains donnèrent successivement des lois à la Basse-Bretagne, appelée alors *Dononée*. Dans ce nombre est compris l'anglais Rivalon qui l'avait conquise sur les Saxons. Leur histoire, peu connue, ne servirait qu'à étendre cette notice, sans ajouter à son intérêt.

DANIEL DREMRUS.

On présume qu'il fut le successeur d'Alain le Long. Les fables qu'on a imaginées sur ses exploits sont si incroyables, dit d'Argentré, qu'elles ne peuvent trouver place que dans un roman de chevalerie.

BUDIC II,
MAXENCE,
J.N REITH,
DANIEL UVA,

ont aussi occupé le trône armoricain. Nous ne disons point qu'ils aient régné; leur inertie avait laissé tomber l'autorité royale entre les mains des Comtes qui se disputaient la souveraine puissance.

Charlemagne réunit la Bretagne à l'empire d'Occident. La valeur des Bretons lui fit acheter chèrement la victoire qui le rendit maître de ce pays, et dans plus d'une occasion ce prince se plut à la reconnaître.

La liberté fut presque toujours la bannière sous laquelle les premiers Bretons combattirent. Impatiens du joug étranger ils élurent pour leur roi

Arastagnus,

qui fit un traité de paix avec l'empereur. Nous avons quelques raisons de penser qu'il n'était que le lieutenant de Charlemagne; mais nous ne déduirons point ici les motifs qui servent à baser notre opinion. Nous laissons à plus habile que nous le soin de débrouiller ce cahos.

Arastagnus, suivi de Hoël, comte de Nantes, accompagna Charlemagne en Espagne, avec une armée de 10,000 Bretons. Les brillans faits d'armes de ces deux chevaliers ont été chantés par les troubadours. Ils ont fait long-temps les délices des seigneurs châtelains qui aimaient à les redire à leurs familles assemblées, pendant les longues soirées d'hiver. Arastagnus et Hoël périrent tous deux à Roncevaux.

Grallon Flain.

Il n'est fait mention du règne de ce prince que dans une chronique de l'Abbaye de Landévénec.

MORVAN.

Les Bretons, jaloux de leur indépendance, choisirent, pour diriger les efforts qu'ils avaient résolu de faire pour l'obtenir, Morvan, auquel ils donnèrent le titre de roi. Il fut tué peu de temps après en allant de nuit reconnaître les forces de Louis le Débonnaire, successeur de Charlemagne, qui voulait remettre la Bretagne sous l'obéissance impériale. Louis triompha des Bretons et confia le gouvernement de ce pays à Néomène, homme de mérite, dont nous aurons bientôt occasion de parler.

GUYHOMAR.

La confiance que l'Empereur avait en Néomène le rendit suspect aux vaincus. Les seigneurs Bretons s'assemblèrent et nommèrent Guyhomar pour roi. Il ne jouit pas long-temps de cet honneur. Guyhomar fut tué par Lambert, lieutenant de l'Empereur.

Quelque temps après, les Danois ayant fait de nouveaux ravages en Bretagne, Néomène, qui en avait conservé le gouvernement, donna en les combattant, et par le traité qu'il fit avec eux, de si grandes preuves de courage et d'habileté, qu'il se concilia l'estime de la nation bretonne.

Néomène ou Nominoé.

Les exploits de Néomène ne restèrent pas sans récompense. Il en trouva le prix dans le titre de Roi, que lui décernèrent les Bretons d'une voix unanime. La fidélité qu'il avait jurée à Louis le Débonnaire ne tint pas contre cette dignité. Néomène chassa de la Bretagne les officiers de l'Empereur, cassa les ordonnances de Charlemagne et de Louis, et il eut le bonheur de le faire impunément. Son premier soin fut de relever les murs de Rennes, que les Empereurs avaient abattus. On dit qu'il trouva dans les ruines une massue d'or qui servit à cette dépense. Nous aimons mieux croire ce fait que de le contester.

Le comte Lambert, gouverneur pour Charles-le-Chauve des pays entre la Loire et la Seine, mécontent de ce que son maître lui avait refusé le comté Nantais, se joignit à Néomène contre l'Empereur; mais les troupes commandées par le roi Breton furent battues à Messac. Lambert fut plus heureux; il mit en déroute une partie de l'armée française et revint auprès de Néomène.

Lambert désespérant de s'emparer de Nantes, qui tenait pour les enfans de Louis le Débonnaire, appela les Normands, ressource honteuse qui ternit la gloire que ce chevalier déloyal s'était acquise dans plus d'une bataille. Avec leur secours, la ville fut prise d'assaut; l'évêque Gotard, tout son clergé et une partie des citoyens furent passés au fil de l'épée. Les Danois se retirèrent chargés de butin, mais Lambert fut comte de Nantes !

En 844, Charles résolut de faire rentrer la Bretagne sous sa domination ; mais il trouva dans Néomène un rude adversaire. Les Français furent taillés en pièce dans une bataille engagée avec les Bretons entre le Mans et Chartres.

Lambert étant devenu, par ses vexations, odieux aux Nantais, qui ne lui pardonnaient pas de les avoir fait piller par les Normands, fut invité par Néomène à se retirer à Craon, et il obéit.

Néomène pensant que Charles qui avait si souvent éprouvé sa valeur ne tenterait plus la fortune, se fit sacrer et couronner par l'évêque de Dol aux acclamations de tous les Bretons. En 850, il conféra à ce prélat le titre d'archevêque et défendit à tous les ecclésiastiques de son royaume de reconnaître l'autorité de l'archevêque de Tours. Il envoya ensuite à Léon IV une couronne d'or en lui demandant la confirmation du titre de Roi. Le Pape, qui ne voulait pas déplaire aux descendans de Charlemagne, garda la couronne d'or, et fit à Néomène une réponse évasive.

Quelque temps après, Charles ayant accordé un asile à des évêques que Néomène avait fait mettre en jugement pour crime de simonie, le monarque breton, piqué de ce qu'il regardait comme une offense, assembla une armée et marcha contre le roi de France. Il s'engagea un combat meurtrier qui dura deux jours. L'avantage resta aux Bretons; 20,000 Français demeurèrent sur le champ de bataille. Charles, voyant les affaires désespérées, abandonna les débris de son armée et s'en revint à Paris en grande hâte. Cet exemple fut suivi plus de neuf siècles après l'événement.

Néomène termina sa glorieuse carrière en 850. Il avait pris quelques mois avant sa mort la ville d'Angers sur les Normands.

Eruspée ou Erispoé.

Néomène eut pour successeur Eruspée, son fils. Ce prince ne manquait pas de valeur. L'opiniâtre Charles la mit à l'épreuve. Jaloux de voir l'Anjou, le Maine et la Touraine, sous la puissance de la Bretagne, il vint porter la guerre jusqu'au milieu de ce royaume, et campa dans une plaine à quelque distance de Redon; mais la voie des négociations s'étant ouverte, il s'ensuivit un traité de paix. Entr'autres cessions que fit Eruspée, on dit qu'il abandonna au roi de France la propriété du comté d'Anjou. Actard, que Néomène avait chassé de son siège, fut rétabli dans l'évêché de Nantes; Gillard qui l'occupait, excommunié par le Pape et par un concile, se réfugia à Guérande où il érigea un évêché. Il en fut reconnu pour légitime pasteur par ceux qui habitaient entre les rivières d'Erdre et de Vilaine. Jusqu'en 899, époque de sa mort, il n'eut point de successeur à Guérande. Toutefois, ceux qui lui avaient obéi se donnèrent à l'évêque de Vannes ; mais peu de temps après, Alain, premier duc de Bretagne, restitua à Fulchérius, évêque de Nantes, cette portion de l'évêché. Le chapitre de Guérande conservait dans ses archives un procès-verbal dressé en 1680 sur la démolition du palais épiscopal (1) qui eut lieu à la requête de M. de Beauveau (2).

En 865 les Normands revinrent avec un grand nombre de vaisseaux commandés par Sidric, parent du roi de Danemarck, faire des ravages sur les côtes de Bretagne; mais ils se retirèrent lorsqu'Eruspée eut communiqué à leur chef le traité de paix conclu par Néomène avec ceux qui l'avaient précédé. Il est étonnant que Sidric n'en eut pas eu connaissance. D'autres pirates remontaient la Loire ; Sidric, fidèle observateur du traité, plaça ses vaisseaux à l'embouchure du fleuve et ne leur ouvrit le passage qu'après les avoir rançonés.

---

(1) Une personne de Guérande possède encore le sceau épiscopal.

(2) Evêque de Nantes.

SALOMON II.

La Bretagne jouissait d'une paix qui n'était troublée que par quelques excursions des pirates du Nord, lorsqu'Eruspée fut assassiné au pied des autels par Salomon, neveu de Néomène, qui l'avait élevé comme s'il eût été son fils. Le meurtrier monta sans obstacle, sur le même trône qu'il venait d'ensanglanter. Charles, qui voulait éprouver la valeur de tous les Rois bretons, et qui n'avait pas abandonné le projet de conquérir ce royaume, s'avança sur les frontières avec une armée formidable, mais il fut encore obligé de traiter comme il l'avait fait avec Eruspée. Quelques historiens prétendent que Salomon gagna Charles à force de soumissions.

Salomon eut de longues querelles à soutenir avec les Évêques de ses états. Ce prince ayant aidé le Roi de France à chasser les normands de l'Anjou, Charles, reconnaissant de ce service, dégagea Salomon de tout hommage, et lui accorda le titre de Roi, la couronne d'or et le droit de battre monnaie.

Salomon, poursuivi sans doute par des remords, voulut faire pénitence du meurtre commis sur la personne d'Eruspée ; il céda sa couronne à son fils Guégon et se retira dans une abbaye ; mais les enfans de Néomène ayant conspiré contre lui, le firent tomber entre les mains de quelques Français qui le tuèrent après lui avoir crevé les yeux. Ce prince, qui est honoré comme saint, avait fondé le chapitre de Guérande.

On était alors tellement persuadé que le monde allait finir, que Salomon lui-même, dans une lettre écrite au Pape, se sert de ces mots : *Mundi termino appropinquante* (la fin du monde étant prochaine), il ajoute : *cum certa signa plurimis manifesta videantur.*

Pastenethen et Urféan
ou
Pasquiten et Gurvand.

Le titre de Roi s'anéantit avec Salomon. Pastenethen, comte de Léon, et Urféan, comte de Goëtlo, partagèrent la Bretagne ; mais Alain, frère de Pastenethen, et Judicaël, comte de Rennes, s'armèrent pour leur disputer la souveraineté. Ces dissentions ramenèrent les Normands, qui savaient qu'une guerre civile affaiblit un état. Pastenethen n'eut pas honte de les engager dans son parti, tant il est vrai que l'ambition étouffe les sentimens d'honneur ; mais Urféan, avec mille Bretons seulement, triompha de cette ligue. Il eut atteint le but qu'il se proposait, c'est-à-dire, qu'il fut parvenu à chasser l'ennemi et à éteindre le flambeau de la guerre civile, si la mort ne l'eût surpris au milieu de ses victoires. Pastenethen ne lui survécut que peu de temps. Après leur mort, Judicaël, neveu d'Eruspée, et Alain, frère puiné de Pastenethen, continuèrent la guerre.

Alain le Grand.

Alain prit le titre de Duc de Bretagne et quelquefois même celui de Roi. L'amour de la patrie l'emporta chez lui sur toute autre considération. Les Normands la désolaient; il sentit que l'union est la force d'un gouvernement, et il agit en conséquence de ce principe. Après avoir fait à Judicaël, son concurrent, la concession qu'il désirait, ces deux princes unirent leurs armes et leurs efforts pour les diriger contre l'ennemi commun.

La population des pays maritimes refluait sur les villes fortifiées, pour se mettre à l'abri des atrocités que commettaient les Normands: les habitans du Croisic, désespérant de leur salut, se refugièrent à Guérande avec ce qu'ils avaient de plus précieux. Cette émigration attira sur leurs traces ces brigands audacieux; Hasting, leur chef, s'approcha pour assiéger Guérande; mais les murs de cette ville furent témoins de sa défaite et de la bravoure de Judicaël qui l'opéra. Ce prince voulant, sous l'égide de la victoire, poursuivre ses succès, obligea l'ennemi à se retirer sur la rive droite de la Vilaine. Un défaut de prudence lui coûta la vie. Alain vengea sa mort d'une manière signalée, qui tourna à l'avantage de son pays; quatre cents Danois ou Normands échappèrent seuls à ses armes. Il goûta, jusqu'en 907, les douceurs de la paix, que son bras avait procurée à la Bretagne : la mort le surprit lorsqu'il était occupé à chercher le moyen de garantir ses états d'une nouvelle invasion.

Juhael, Colledoch, Mathuède, comte de Porhoet.

Après la mort d'Alain le Grand, Juhaël, Colledoch, ses enfans et le comte de Porhoët, qui avait épousé leur sœur, prirent les rênes du gouvernement. Elles s'échappèrent bientôt de leurs mains inhabiles. Leur incapacité enhardit les Normands, et lorsqu'ils se présentèrent il ne se trouva personne pour les combattre, la cruauté de Juhaël et des autres princes ayant éloigné de leur patrie les Seigneurs capables de la défendre. La Bretagne, sans marine, sans lois qui fixassent le droit d'hérédité semblait devoir être la proie du premier conquérant. Elle avait besoin d'un prince qui sut la faire respecter, et les trois tyrans qui l'opprimaient en étaient incapables. Ils ne savaient qu'être cruels, et lorsque les Normands se montrèrent, le triumvirat prit la fuite.

Les Normands remontèrent la Loire sans obstacle et s'emparèrent de Nantes. Après avoir pillé cette ville, l'amour du gain les conduit devant Guérande. L'ennemi sait que la ville est sans garnison, il lui fait sommation de se rendre; on délibère et les portes vont s'ouvrir, lorsqu'un brave citoyen, dont l'histoire ne nous a pas conservé le nom, s'oppose de toute son éloquence à la reddition de la place. Il parvient à faire passer dans l'âme de ses compatriotes la résolution dont il est animé, et déjà les murs, les tours, le chateau sont couverts de citoyens décidés à une courageuse résistance. L'ennemi étonné se dispose à l'assaut; mais des sorties fréquentes, bien dirigées, paralisent ses efforts et l'obligent à s'éloigner de ces remparts, que la bravoure des habitans a rendu redoutables. D'Argentré attribue à M.r St.-Aubin tout le mérite de l'affaire. *On le vit*, dit cet historien, *combattre à la tête des assiégés.* Nous ne voulons point contester cette belle action à St.-Aubin; mais nous pensons que la valeur des Guérandais et leur contenance ferme ne nuisirent point au succès de l'entreprise.

Charles le Simple, fatigué d'avoir ces mêmes Normands à combattre, traita avec eux et accorda sa fille en mariage à Rollon leur chef, en 911 ou 912. Il lui fit don de l'*hommage de la Bretagne*, au mépris de la remise qui en avait été faite à

Salomon par Charles le Chauve. Cette concession acheva de ruiner ce malheureux pays. Rollon vint exiger l'hommage. Bérenger, comte de Rennes et Alain, comte de Dol, opposèrent une faible résistance ; pendant cinq années le Duché fut en proie aux ravages des Normands. Bérenger avait un fils qui se chargea de les chasser ; il eut la gloire d'y parvenir en partie ; leur entière expulsion était réservée à un prince du sang d'Alain le Grand.

Alain dit Barbe-Torte.

Mathuede, comte de Porhoet, s'était retiré à la cour d'Adelscan, roi d'Angleterre, où il avait élevé avec soin son fils Alain, l'espérance des Bretons, qui pensaient que ce jeune prince ne démentirait pas scn origine. Le fils de Mathuède brûlait en effet du désir de se mesurer avec ces intrépides Normands, la terreur de son pays. Il avait alors vingt ans, et cet esprit chevaleresque qui faisait des guerriers de ce temps-là autant de héros. A peine eût-il obtenu quelques vaisseaux du monarque anglais qu'il se hâta de les remplir de Bretons refugiés. Il descendit sur *la côte* de Dol, et quelques mois après la Bretagne était délivrée du joug de ses oppresseurs. La brillante réputation d'Alain parvint à la cour de France. Louis d'Outremer, alors en guerre avec l'empereur Othon, l'engagea à le secourir. Une nouvelle carrière s'ouvrit donc aux exploits du libérateur de sa patrie. Alain fit dans toute la force de l'expression des prodiges de valeur, soit dans les combats singuliers, soit dans les batailles. Il revenait en Bretagne, lorsqu'en passant à Blois, Thibaut, qui en était comte, lui donna sa fille en mariage. Alain mourut en 952. Les Bretons lui donnèrent une preuve de reconnaissance, en prêtant, quelques jours avant sa mort, serment de fidélité à Drogon, son fils, encore au berceau. La tutelle du jeune duc fut confiée au même comte de Blois.

Drogon.

A peine Alain eût-il terminé sa carrière, que sa veuve épousa Foulques, comte d'Anjou. Drogon, l'héritier de la couronne ducale, fut envoyé à Angers. Foulques, à qui sans doute il portait ombrage, trouva le moyen de faire mourir ce jeune prince, en intimidant sa nourrice, qui l'asphixia dans un bain.

Conan.

Hoël, fils naturel d'Alain Barbe torte, prétendait au Duché. Il lui fut disputé par Conan, comte de Rennes, qui rapportait son origine à Salomon. Conan, pour se défendre d'un concurrent habile, fit assassiner Hoël. Guerech, frère de ce dernier, alors évêque de Nantes, prit l'épée pour venger sa mort. Il assembla des troupes et marcha contre le meurtrier. Le territoire de Nantes fut long-temps le théâtre de ces combats déplorables. Enfin Conan eut recours à ses armes ordinaires; il engagea dans ses intérêts un abbé de Redon, qui empoisonna la lancette dont il se servit pour saigner Guerech.

Ce même Foulques, comte d'Anjou, qui avait fait périr Drogon, prit parti pour Judicaël, fils d'Hoël; il se montra à l'armée de Conan; mais elle resta fidelle; les troupes de Foulques furent mises en déroute. Conan ne sut pas en profiter; il fut tué dans une mêlée en 992.

Par sa mort, Judicaël entra en possession du comté de Nantes. C'est à Conan qu'on doit le Bouffai.

Geoffroi. (1)

Geoffroi succéda à Conan son père. Le premier usage qu'il fit de son autorité fut d'obliger Judicaël à lui rendre hommage pour le comté de Nantes. Il ne se passa d'autre événement mémorable sous le règne de ce souverain que la mort de Judicaël, qui fut tué en se rendant auprès de lui. On reproche à Geoffroi d'avoir négligé les affaires de

---

(1) Geffroi, ou Godeffroi. (Cont. de l'Hist. Univ. de Bossuet, tom. 1.er, stéréot.)

son duché pour se livrer à des exercices de dévotion incompatibles avec les devoirs d'un prince. Il périt d'une manière singulière au retour d'un pélérinage qu'il avait fait à Rome (1). Judicaël, son frère, évêque de Vannes, fut chargé en son absence de l'administration de la Bretagne. Les fiers Anglais, vaincus par les Danois maîtres de l'île, étaient alors obligés de s'arrêter respectueusement lorsqu'ils trouvaient un des vainqueurs sur leur passage.

Alain.

Havoise, que Geoffroi avait épousée, fut nommée régente et tutrice de ses trois enfans jusqu'à la majorité d'Alain, leur aîné. Pendant ce temps, Juhaël, son frère, soutenu par le comte de Cornouailles, voulut s'emparer du gouvernement; mais Alain, parvenu à l'age fixé, en ayant pris l'administration, trouva les séditieux assemblés et les fit exécuter. Caignard, comte de Cornouailles, ne rentra dans les bonnes grâces de son maître que par un service qu'il lui rendit. Le comte de Chartres avait une fille d'une beauté merveilleuse. Caignard eut

(1) Les gens de qualité se distinguaient du peuple par des oiseaux de proie qu'ils portaient toujours sur leur poing en quelque lieu qu'ils allassent. Celui de Geffroi ayant étranglé une poule, une femme à qui cette poule appartenait, dans le premier mouvement de sa colère, jeta une pierre à la tête du duc qui mourut quelques jours après.

l'adresse de l'engager à la donner en mariage au duc Alain. La paix profonde que goûtait la Bretagne sous le règne de ce prince, fût troublée quelque tems par une querelle survenue entre Gauthier, évêque, et Budic, seigneur de Nantes. Alain sut l'éteindre. Il appaisa aussi la révolte des paysans qui s'étaient soulevés contre la noblesse, à cause de la tyrannie qu'elle exerçait sur eux. Robert le Diable, duc de Normandie, déclara la guerre à la Bretagne, pour forcer son souverain à lui rendre l'hommage auquel il prétendait. L'archevêque de Reims pacifia les deux partis. Alain fut encore obligé de tourner ses armes contre Eudon, son frère, homme d'un esprit inquiet et dévoré par l'ambition. Les évêques de Nantes, de Rennes et quelques autres endossèrent la cuirasse et suivirent le duc à la guerre. Eudon fut vaincu; Robert s'entremit et accorda les deux frères. Ce même Robert rendit ensuite un hommage éclatant aux vertus d'Alain. Voulant faire le pélérinage de la terre sainte, dévotion à la mode, il lui confia la tutelle de son fils et l'administration de la Normandie. Robert étant parti, quelques factieux se montrèrent; Alain marcha contr'eux. Les révoltés peignirent le tuteur comme un ambitieux qui désirait s'emparer des états du jeune duc, et les Normands l'empoisonnèrent en 1040.

Conan II.

Conan, âgé de trois mois seulement, succéda à son père Alain, sous la régence de Berthe. Eudon, son oncle, voulut s'emparer de la garde du jeune duc; mais les états, assemblés à Rennes, soupçonnant quelques mauvais desseins, la lui ôtèrent. Conan, sorti de sa minorité, portait ses regards vers l'Anjou que Néomène et Eruspée, ses prédécesseurs, avaient possédé en partie; il résolut d'en faire la conquête, mais il n'obtint hommage que du seigneur de Craon. Un projet plus vaste mûrissait dans sa tête : pour l'exécuter il rassembla des troupes et s'avança vers la Normandie, prétendant avoir des droits sur ce duché; Guillaume déjoua ses entreprises en le faisant empoisonner, moyens odieux, fort en vogue dans ces tems de barbarie.

Dans un synode provincial tenu sous le règne d'Alain, le droit de bris et plusieurs autres non moins tyranniques furent supprimés (1).

Alain, dit d'Argentré, était un prince de grande espérance, hardi, libéral et doux, adroit à tous les exercices, doué de toutes les vertus et aimant la justice.

---

(1) C'est-à-dire convertis en un droit d'expédition assez modique (Voyez la note, page 6.)

HOEL IV (1).

Alain Caignard, comte de Cornouailles, avait un fils du nom d'Hoël. Il fut désigné successeur de Conan, son oncle. Au commencement de son règne, Guillaume, duc de Normandie, surnommé d'abord le Bâtard (2), ensuite le Conquérant, se disant appelé à la couronne d'Angleterre par le testament du roi Edouard, mort sans enfans, invita Hoël à lui donner quelques secours pour l'aider à prendre possession du trône. Le duc lui envoya une petite armée, composée de fantassins et de cavaliers, commandée par Alain Fergent, son fils, qui passa en Angleterre avec quelques seigneurs bretons. Guillaume étant arrivé dans l'île, partagea ses troupes en trois corps ; Alain reçut le commandement d'une de ces divisions. Après la victoire, Guillaume le gratifia du comté de Richemont, et récompensa royalement ces mêmes seigneurs qui l'avaient accompagné.

Alain, de retour en Bretagne, termina quelques différens qui s'étaient élevés entre son père et le duc d'Anjou, au sujet de l'hommage de Craon.

Le voyage de Rome tenta Hoël, il le fit, et mourut en 1084.

---

(1) L'histoire des ducs de Bretagne rapporte qu'il était fils de Guereck.

(2) On voit dans une lettre écrite par Guillaume au *comte Alain*, et signée *le Bâtard Guillaume*, qu'on ne rougissait pas alors du nom de *Bâtard*.

Alain Fergent.

Les Bretons augurèrent bien du règne de ce prince qui, dans un âge peu avancé, avait donné de grandes marques de valeur. Alain voulut, à l'exemple de ses prédécesseurs, aller à Rennes s'y faire reconnaître pour duc; Geoffroy, son oncle, lui en refusa l'entrée. Alain, irrité, l'assiégea, le prit et le confina à Quimper, où il mourut. Le duc épousa en premières noces Constance, fille de Guillaume-le-Conquérant, et en secondes Ermengarde, fille du comte d'Anjou.

Urbain II venait, dans le concile de Clermont, d'inspirer l'ardeur des croisades; l'éclat éblouissant de cette entreprise séduisit Alain et la plupart des seigneurs de sa cour, aussi vifs, inquiets et belliqueux que les Français. Dans un siècle moins superstitieux, dit l'abbé Millot, on aurait pensé que ces longs pélérinages sont sujets à une infinité d'abus, que la vraie dévotion ne peut faire abandonner les obligations des princes. Mais l'enthousiasme ne raisonne point. Alain fût un des premiers à prendre la Croix. Il se trouva, en 1099, à la prise de Jérusalem, et sa brillante réputation ne se démentit pas dans les batailles que les Chrétiens eurent à livrer avant d'arriver à la cité sainte. Alain revint en Bretagne après six ans d'absence. Ce prince, atteint d'une maladie grave, se fit porter au monastère de Redon, *pour mourir en bon chrétien*; ayant recouvré la santé, il s'adonna entièrement aux exercices religieux et se dépouilla de son autorité en faveur de Conan son fils. Huit ans après il termina sa carrière et fût enterré à Redon, avec de grands honneurs.

Alain institua le parlement de Bretagne; ce n'était pas alors une cour permanente, mais une assemblée que le duc convoquait lorsqu'il lui plaisait (1).

CONAN III.

Henri I.er, roi d'Angleterre, avait donné sa fille Mathilde en mariage à Conan. Le monarque anglais, se trouvant en guerre avec Louis-le-Gros, roi de France, demanda des secours à son gendre. Mais le duc, au lieu de faire droit à cette réquisition, conduisit dix mille hommes sur les frontières d'Allemagne, pour l'empêcher d'entrer en France; ce qui prouve que la voix du sang se tait devant

(1) Ce ne fut que sous le règne de ce prince qu'on commença à prendre des surnoms tirés des terres qu'on possédait.

A cette époque, les évêques et les prêtres se mariaient quelquefois, leurs femmes prenaient la qualité de prêtresses.

Le curé d'Escoublac était mort en 1073, mais il avait laissé quatre enfans, auxquels la cure paraissait devoir être héréditairement dévolue. Les moines de Saint-Florent, pour conserver leurs intérêts, abandonnèrent aux enfans le cinquième du revenu de l'église, la moitié du produit des confessions, etc. (V. l'Hist. de Bret., par don Lobineau, tom. 2, p. 252.)

la politique. Conan fit la guerre à outrance au baron de Vitré, qui ne voulait pas réparer les dommages qu'il avait causés à ses vassaux. Il n'épargna rien pour surprendre le baron ; argent, séductions, promesses, menaces, tout fut employé inutilement. Ces hostilités n'eurent d'autres résultats que d'amener une paix qui rétablit le seigneur de Vitré dans ses domaines. En 1134 mourut la duchesse Ermengarde, veuve d'Alain-Fergent. Cette princesse avait eu long-tems un commerce de lettres avec saint Bernard. Conan termina sa carrière en 1148. Au lit de mort il déclara que Hoël, dont jusqu'alors on l'avait crû père, n'était réellement pas son fils.

Eudes.

Hoël n'eut effectivement d'autre part au duché que le comté de Nantes, auquel l'appelèrent les Nantais, au milieu desquels il avait été élevé. Eudes, fils du comte de Penthièvre, qui avait épousé Berthe, fille de Conan, s'empara de la Bretagne et refusa de reconnaître Hoël. Il marcha même contre lui ; mais il fut vaincu. Sur ces entrefaites, la duchesse Berthe mourut, ce qui amena de grands événemens.

Conan IV, dit le Petit.

Conan le Petit, fils d'Alain le Noir et de Berthe, voulut prendre possession du Duché, après la mort de sa mère dont il devenait l'héritier; mais Eudes refusa de s'en dessaisir. De part et d'autre on courut aux armes. Les liens les plus sacrés, la voix de la nature, tout fut sacrifié à *cette soif de régner que rien ne peut éteindre*. On se battit avec d'autant plus d'acharnement, qu'il s'agissait d'une couronne. La victoire se rangea sous les bannières d'Eudes. Conan se réfugia auprès du roi d'Angleterre, son parent, qui lui refusa long-temps des secours, parce qu'il regardait cette guerre comme impie et scandaleuse. Vaincu enfin par ses instances, il lui donna quelques troupes et les combats recommencèrent. En 1155, Eudes fut pris par le baron de Fougères qui, s'étant laissé gagner, facilita l'évasion de son prisonnier, qui se retira en France. Conan fut reconnu pour souverain légitime. Il se disposait à chasser Hoël du comté de Nantes; mais les habitans le prévinrent. Ils mirent hors de la ville cet homme qui s'était, par son peu de courage, rendu indigne de l'intérêt qu'il avait d'abord inspiré. Les Nantais se donnèrent au comte d'Anjou. Conan sut les faire rentrer sous son obéissance. Henri II, roi des Anglais, prétendit alors à la possession du comté comme héritier de Geoffroi son frère, que les Nantais avaient élu. Il passa la mer et vint appuyer ses prétentions par les armes. Il était le plus fort; il fallut céder. Conan, par un traité solennel, donna sa fille Constance et le comté pour dot à Geoffroi, second fils de Henri, âgé seulement d'un mois. Henri envoya des officiers qui en prirent possession au nom de son fils. Eudes montra qu'il était indigne de la couronne, puisque l'ayant perdue, il ne put supporter sa mauvaise fortune. Il fit de nouvelles tentatives pour la recouvrer; mais il n'en retira que la honte d'avoir ravagé sa patrie qui le repoussait. En 1158 on vit célébrer le mariage de Constance et de Geoffroi. Il fut stipulé qu'à la mort de Conan, sa fille hériterait de la Bretagne. Henri vint à Rennes recevoir pour son fils l'hommage des Bretons. Conan, après avoir éprouvé de grandes vicissitudes, finit sa carrière l'année 1171.

Geoffroi Plantegenet.

Ce prince n'était âgé que de quinze ans lorsque la mort de Conan l'appela à donner des lois à la Bretagne. Le roi Henri s'empara de l'administration. Il convoqua les Seigneurs Bretons pour prêter serment de fidélité à Geoffroi. Le baron de Fougères ne comparut point. Eudes leva quelques troupes que Henri eut bientôt dispersées. Ce monarque ayant cédé son trône à son fils aîné, obligea Geoffroi à lui faire hommage pour son Duché, et ce qui paraîtrait surprenant, ailleurs que dans l'histoire des princes, c'est de voir ce même Henri, qui avait blâmé la guerre entre Eudes et Conan, se déclarer l'ennemi du duc son fils, et commettre des actes d'hostilité sans qu'on ait pu découvrir quel en était le motif ou le prétexte. Henri III étant mort, le père de Geoffroi reprit la couronne et voulut que son fils lui rendit un nouvel hommage; mais le duc s'y refusa et il se ligua contre son père avec Philippe II, roi de France. Il se rendait à sa cour, lorsque la mort le surprit à Paris dans la 28.me année de son âge. Quelques mois avant cet événement il avait, dans une assemblée des états-généraux de Bretagne, établi l'ordre de succession des enfans des barons et des chevaliers.

ARTUR I.er (1).

Six mois après la mort de Geoffroi, la duchesse Constance donna le jour à un fils qui fut nommé Artur. Les Bretons attachèrent à ce prince l'espérance de leur prochain affranchissement. Bientôt le roi d'Angleterre vint réclamer la garde de cet enfant et l'administration de la Bretagne; les états lui refusèrent l'une et l'autre chose: la duchesse Constance fut chargée de la régence; mais, soumise aux conseils de Henri, qui mourut en 1189.

(1) Ou *Artus* selon Voltaire.

Richard , son successeur , manifesta les mêmes prétentions. La fureur des croisades s'empara de lui. Quelques seigneurs Bretons l'accompagnèrent en Palestine; une tempête les obligea de relâcher en Sicile. Tancrède, qui en était roi, accueillit avec distinction les croisés. On compta même 20,000 écus d'or à Richard, sous la promesse qu'il unirait Artur à la fille du Sicilien. Nous ne parlons pas ici des exploits du roi d'Angleterre ni de sa valeur, poussée quelquefois jusqu'à la témérité ; ce qui le fit surnommer *Cœur de Lion.* Nous dirons seulement qu'à son retour de la Terre-Sainte, après avoir été pendant un an prisonnier de l'Empereur, il employa toute sorte de moyens pour se rendre maître du gouvernement de la Bretagne. Il se servit, pour y parvenir, du normand Ranulfe que Constance avait épousé. Cet homme qui avait pris le titre de duc de Bretagne, devint un objet d'horreur pour les peuples de cette contrée, qui, le sachant dévoué à l'Angleterre, le chassèrent de leur pays. Richard eut recours à la ruse pour faire tomber la duchesse en son pouvoir. Il y réussit, mais par la fidélité des barons attachés à leur prince, le jeune Artur échappa à ses poursuites. Il méditait de nouveaux projets lorsque la mort le surprit. Jean, dit Sans-Terre, s'empara du royaume d'Angleterre au préjudice d'Artur, appelé à ce trône par le testament de Richard. Le nouveau roi conçut pour son neveu une haine qui le porta aux plus honteux excès. Il retenait depuis long-temps sa nièce Eléonore, sœur d'Artur. Ce prince, ayant fait au roi de France hommage de la Bretagne, entreprend la conquête du Poitou et se rend maître de Mirebeau. Jean accourt, s'empare de la place et d'Artur qu'il envoie à Falaise, ensuite à Rouen, où il ordonne qu'on l'enferme dans une tour sur les rives de la Seine. Le vainqueur conçoit alors le projet horrible de se défaire de son neveu. Parmi ses plus zélés serviteurs il cherche en vain un bourreau, il se voit réduit à exécuter lui-même sa barbare résolution. Dans ce dessein il marche vers la tour, fait ôter les chaînes à son prisonnier, et, lorsque la nuit a déployé ses voiles, il lui ordonne de monter sur un bateau dans lequel il se place aussi. Artur lit dans les regards farouches de son oncle le sort qui l'attend; il se jette à ses genoux, il essaie de le fléchir par ses larmes. Que peuvent celles de l'innocence contre la haine! Jean tire son épée et la plonge toute entière dans le corps de cet infortuné prince. Il précipite ensuite le cadavre dans le fleuve.

Constance, mère d'Artur, avait épousé en troisièmes noces Guy de Thouars, issu de la maison de France; de ce mariage était née une fille nommée Alix, héritière du duché de Bretagne.

Alix.

Le meurtre d'Artur consterna les Bretons. L'auteur de ce parricide ne rougit point de réclamer le prix de l'assassinat qu'il venait de commettre. Il prétendit avoir la régence en qualité de tuteur d'Eléonore qu'il retenait prisonnière ; mais Guy de Thouars assembla les états et fut nommé administrateur pour Alix sa fille. On résolut de présenter requête au roi de France, afin d'obtenir raison du meurtre du prince. Jean Sans-Terre (1) était vassal de la couronne à cause de la possession de l'Anjou, de l'Aquitaine, etc., qui en relevaient. Cité à la cour des pairs il ne comparut point. Le Roi fit tourner la vengeance à son avantage, confisqua la Normandie, l'Anjou, le Poitou et l'Aquitaine, et envoya ensuite des armées pour s'emparer de ces provinces.

Guy de Thouars.

Les Bretons, commandés par Guy de Thouars, qui avait pris le titre de Duc, s'étaient rendus maîtres du mont St.-Michel, place importante par sa situation et d'un abord difficile, dont les habitans furent sans exception d'âge ni de sexe

(1) Ce prince proclama la grande Charte que lui dictèrent les barons Anglais. Un article (le 29.e) contient à lui seul toutes les garanties de la liberté civile.

passés au fil de l'épée. Quelque temps après, Jean sans Terre envoya une armée en Bretagne. Guy de Thouars, aidé de quelques Français, la força de s'embarquer. A cette époque, le roi de France prit Rouen, la seule ville de Normandie qui résistait encore à ses armes. Ainsi toute cette province se trouva soumise. Guy de Thouars termina en 1213 une carrière que sa valeur et son patriotisme avaient illustrée. Les Bretons songèrent alors à donner Alix en mariage au fils du comte de Penthièvre, unique rejeton du sang de leurs princes et malgré les troubles qui divisaient leur pays, ils ne laissèrent pas de se croiser contre les Albigeois. Un zèle mal entendu pour une religion qui ne commande que la paix l'emporta encore une fois sur l'intérêt général.

Pierre-de-Dreux, dit Mauclerc.

Le fils du comte de Penthièvre qu'on avait destiné à être l'époux d'Alix jeta, par sa mort, arrivée en 1212, les Bretons dans la nécessité de marier cette princesse à un étranger. On fit choix de Pierre de Dreux, dit Mauclerc, (1) arrière

(1) M. d'Argentré se livre à plusieurs conjectures pour arriver à la cause de ce surnom ; il ignorait, sans doute, qu'on donna ce sobriquet à Pierre-de-Dreux, parce qu'après avoir été destiné à la cléricature il avait pris le parti des armes. (H. des D. de B.)

petit fils de Louis le Gros, et le mariage fut célébré cette même année. Cependant le nouveau duc ne put faire un long séjour en Bretagne, il se rendit auprès de Philippe, roi de France, qui méditait une descente en Angleterre; mais cette expédition n'ayant pas eu lieu, Pierre revint assez à temps pour chasser Jean Sans-Terre, qui déjà faisait le siége de Nantes. Six années après, le duc se mit à la tête d'une nouvelle armée contre les Albigeois. A son retour, il perdit la duchesse Alix. Il avait, de son mariage avec elle, un fils nommé Jean, et une fille nommée Yolande (1).

Le duc eut de longs différens avec la noblesse et le clergé de ses états, dont il se proposait d'abattre la puissance. Les barons levèrent des troupes contre lui. Quelques seigneurs prirent cependant son parti; Gallerand de Châteaugiron, Henri d'Avaugour et plusieurs autres furent de ce nombre. Mais Pierre vint à bout de dissiper ces ligues. Le clergé ne pouvant le combattre en pleine campagne, se servit des foudres de l'église. Il obtint de Grégoire IX, un bref de commission. Ce bref ordonnait à l'évêque du Mans *d'admonester le duc de réparer les torts, injures, et entreprises faites contre les évêques, et, faute à lui d'obéir en quatre*

(1) L'histoire précitée met au nombre de ses enfans un autre fils appelé Artur; nous croyons que c'est une erreur.

mois, de mettre son duché en interdit, l'excommunier et déclarer publiquement les barons, vassaux dégagés de tout serment d'obéissance, fidélité, service, ce qui fut exécuté, mais Pierre sut conjurer l'orage et fit lever l'interdit.

En 1226, Louis IX (*saint Louis*) se trouva maître de la France, par la mort de son père. Blanche de Castille, sa mère, eut la régence du royaume. Pierre Mauclerc entra dans toutes les ligues qui se formérent contre la reine et son fils. Le plan de cet ouvrage ne nous permet pas de donner les détails des événemens qui en furent la conséquence. Il recourut au roi d'Angleterre, pour intimider la cour de France. Sa fille Yolande avait été promise au comte d'Anjou, frère de Louis; ce mariage n'eut pas lieu. Le duc voulut ensuite la faire épouser au comte de Champagne, mais le roi s'y opposa. Pierre se rend en Angleterre, pour conférer avec le souverain de ce pays; il lui promet un passage sur le territoire de la Bretagne, s'il veut attaquer le roi de France. Le monarque anglais ne laissse pas échapper cette occasion; il arrive à Nantes; mais au lieu de tirer parti des circonstances, il se livre à la bonne chère, à l'abri des bastions de cette ville. Le duc en fut si mécontent, qu'il fit sa paix avec Saint-Louis. Lorsque son fils eût atteint l'âge de 21 ans, il lui céda le duché.

Pierre-de-Dreux, qui ne manquait ni de courage, ni d'habileté, ni d'instruction, faisait, en langue bretonne, d'assez jolis vers, c'était un des coryphées de la littérature de ce tems. Il avait quelques-unes des qualités nécessaires pour rendre son peuple heureux, mais son esprit inquiet et turbulent le portait presque toujours à agir dans un sens contraire.

JEAN DIT LE ROUX (1).

Ce prince reçut à Rennes, en 1237, le serment de ses barons. Il se maria, le même jour, avec Blanche, fille du comte de Champagne; Yolande, sœur de Jean, épousa le comte d'Angoulême. Elle eut pour dot le comté de Penthièvre, appanage des princes puinés de Bretagne.

L'esprit chevaleresque de Pierre, son imagination ardente qu'enflammaient les recits des croisés, le portèrent vers ces lieux, témoins de la valeur des chrétiens. Il se joignit avec plusieurs barons français, et partit pour la Terre-Sainte. Tandis qu'il faisait la guerre aux infidèles, Jean, son fils, combattait avec son clergé, dont il fit saisir le temporel. Pierre revint en Bretagne, fatigué des dissentions qui s'étaient élevées parmi ses frères d'armes. Sa bravoure l'emporta néanmoins sur son ressentiment.

(1) A cause de la couleur de ses cheveux.

Il se croisa de nouveau avec Saint-Louis, et fut blessé dans une affaire où le comte d'Artois, frère du roi, perdit la vie.

Le duc, obligé d'aller à Rome pour assoupir les interminables différens qu'il avait à soutenir contre les évêques de ses états, maria à son retour, avec la fille du roi d'Angleterre, le comte de Richemont, son fils, qui depuis se croisa contre Pierre d'Aragon, excommunié par le pape Martin. De cette union il naquit, en 1262, un prince qui fut nommé Artur.

Jean-le-Roux ne put résister à l'impulsion qui entraînait en Asie la plupart des souverains; il prit la croix avec son père, et plus heureux que Saint-Louis, il revit sa patrie. Les malheurs qu'il avait éprouvés le rendirent sage; il se livra tout entier à l'administration de son duché, et abolit plusieurs droits odieux, entr'autres celui de bail qu'il convertit en droit de rachat.

Jean mourut en 1286, et fut enterré dans l'abbaye de Prières, qu'il avait fondée; son épitaphe nous apprend qu'il était *robuste et vigoureux, beau et bien fait, prudent et vainqueur de ses ennemis, moins par la force de son bras que par celle de son génie; qu'il augmenta ses droits, qu'il maintint la religion; qu'il fut le sévère vengeur du crime, le protecteur des pauvres et du clergé, le pacificateur de sa nation et le dompteur des superbes.*

Le duc Jean avait une grande prédilection pour

Guerande, où il fit long-tems sa résidence. On remarque que dans le douaire qu'il assigna à la duchesse sa femme, avant son départ pour la Terre-Sainte, il eut soin d'excepter la sénéchaussée de cette ville.

JEAN II.

Le comte de Richemont succéda à son père, sous le nom de Jean II. Il maria son petit-fils Jean de Bretagne, avec une princesse de Valois. En considération de cette alliance, Philippe-le-Bel le créa pair de France, et lui conféra le titre de duc. Jusqu'alors les souverains de Bretagne n'avaient été nommés que comtes dans les lettres du Roi. Il reçut ensuite de nouveaux avantages en récompense des services qu'il rendit au roi, dans l'assemblée de Tournay. Le duc, voulant anéantir les querelles du clergé et de la noblesse, qui n'étaient pas éteintes, fit le voyage de Lyon pour en conférer avec Clément V. Il arriva assez tôt pour assister au sacre de ce Pontife. Durant la marche processionnelle du pape, le roi de France, le duc d'Anjou, le duc de Bretagne tinrent successivement la bride du cheval que montait le saint-père. En traversant une rue, un vieux mur chargé de spectateurs s'écroula; le duc fut blessé à mort, le saint-père renversé et sa tiare brisée. Cet accident priva la Bretagne d'un prince rempli d'honneur, de droiture et de probité.

Artur II.

Il ne se passa rien de mémorable en Bretagne, sous le régne d'Artur, qui ne fut que de huit ans. Il avait épousé en premières noces la fille du comte de Limoges ; il en eut trois enfans, entr'autres Jean III, son successeur ; en secondes, Yolande de Dreux, comtesse de Monfort. Il naquit de ce mariage funeste à la Bretagne, un fils nommé aussi Jean, auquel il avait donné, en partage, la seigneurie de Guerande. Le duc mourut en 1312, au château de Lille, à deux lieues de la Roche-Bernard.

Jean dit le Bon.

Artur II étant mort, Jean III lui succéda ; il était déjà dans un âge avancé et n'avait point d'enfans. Les états, qu'il avait assemblés, lui laissèrent le soin de se choisir un successeur. Il conclut alors le mariage de Jeanne, sa nièce, avec Charles-de-Blois, parent du roi de France, et le déclara son héritier, en présence même de Jean-de-Monfort, son frère. Le duc, en revenant de Flandres où il était allé conduire des secours aux Français, contre Edouard, tomba malade à Caen, et mourut dans cette ville le dernier jour d'avril, l'an 1341. Ce prince fut regretté du roi de France, qui lui portait une amitié singulière. Son éloge est renfermé dans le surnom que lui donna la reconnaissance des bretons.

LE COMTE DE MONFORT ET CHARLES-DE-BLOIS.

A peine Jean-de-Monfort eut-il appris la mort de son frère, qu'il se rendit à Nantes, où il fut reconnu duc de Bretagne. Il en sortit bientôt, pour aller à Limoges s'emparer du trésor que Jean-le-Bon y avait déposé. A son retour il assembla ses partisans et résolut de maintenir, par les armes, sa nouvelle dignité. En peu de tems, Rennes, Brest, Vannes, Hennebon furent soumis ; Aurai, Léon suivirent cet exemple. L'évêque de cette dernière ville, qui fut chargé d'en faire la remise, eut soin de stipuler qu'il reconnaîtrait le comte de Monfort, jusqu'à ce que son concurrent eut prouvé ses droits au duché, c'est-à-dire, tant que le nouveau duc serait le plus fort. Guérande ouvrit ses portes, Jean y mit garnison. Il passa ensuite en Angleterre, où il fit au Roi hommage de son duché. Assigné, à son retour, à l'assemblée de la cour des pairs de France, il s'y rendit avec quatre cents gentilshommes. Le roi lui reprocha d'avoir eu des conférences avec le monarque anglais, son ennemi, et lui ordonna de rester à Paris, pendant la discussion des droits que Charles-de-Blois prétendait avoir au duché de Bretagne ; mais le comte, sachant que le roi était décidé à favoriser son concurrent, ne jugea pas à propos d'attendre la décision qui devait intervenir ; il s'échappa et revint à Nantes. Charles, quelques jours après, reçut l'investiture du duché, et fut créé chevalier par le roi, qui lui promit une armée pour soumettre la Bretagne. En effet, il lui envoya le duc de Normandie avec des forces considérables. Jean fut assiégé par lui, dans Nantes. Les habitans le livrèrent, et il fut envoyé à la tour du Louvre en 1342. On croyait cette guerre terminée, lorsque Jeanne de Flandres, épouse du prisonnier, résolut de la continuer. Jeanne avait reçu du ciel des dons qui sont rarement le partage de son sexe ; un corps robuste à l'épreuve de la fatigue, une âme grande et généreuse, un esprit pénétrant et solide, ce sang froid, cette bravoure qui font les héros. Elle possédait en outre, l'art de se créer des ressources, de profiter des fautes de ses adversaires et de conduire habilement des négociations. On la vit souvent armée de toutes pièces, commander en capitaine expérimenté et combattre en soldat. Elle apprend à Rennes la captivité de son époux ; aussitôt elle assemble les barons et, leur montrant son fils âgé de trois ans, elle leur dit *haa, Seigneurs, ne vous ébahissez mie de Monseigneur que nous avons perdu ; ce n'était qu'un homme. Vecy-ci mon petit enfant qui sera, si*

Dieu plaît, son restorier et vous fera des biens assez. Nous n'entreprendrons point de raconter tous les combats qui se donnèrent, à l'occasion de ce duché. Ils furent d'autant plus sanglans, que les rois de France et d'Angleterre soutenaient les deux partis et dévastaient, à l'envi, la Bretagne, théâtre de cette guerre, et de la haine des deux nations. Edouard assiégea plusieurs villes; mais ses armes ne furent point heureuses, et cette expédition ne fait pas honneur à ses talens militaires. Une trêve de trois ans fut conclue avec les deux principales puissances. Peu de temps après, le comte de Monfort s'échappa de sa prison et vint assiéger Quimper. Le roi d'Angleterre rompit ensuite la trêve, sous prétexte que le roi de France avait fait périr des seigneurs Bretons qui se trouvaient à sa cour. Le comte mourut de chagrin à Hennebon en 1345 (1).

Pour ne point interrompre le fil de cette narration, nous avons omis les événemens qui se rapportent à Guerande. Voici ce qui s'y passa en

---

(1) Nous avons sous les yeux un poëme francais en huit chants, dont cette guerre fait le sujet. Une versification brillante, une grande fidélité historique, de charmans épisodes ne sont pas le seul mérite de cette production qui est un véritable monument élevé à la gloire des Bretons. Ce poëme, qui a coûté huit années de veilles à l'auteur, est l'ouvrage d'un jeune guerrier moissonné à la funeste journée de Vaterloo. Nous nous proposons de le publier incessamment.

1342 : Louis d'Espagne, partisan de Charles de Blois, après s'être emparé de Guingamp, marcha vers Guerande à la tête de quelques espagnols. Etant arrivé près des murs, il fut joint par des Gênois auxquels il avait donné ordre de s'emparer de la ville du Croisic et des navires qui se trouvaient au port, dans le dessein de se ménager une retraite en cas d'événemens fâcheux. Les Guerandais, qui se souvenaient d'avoir résisté aux Normands, ne voulurent point capituler. La garnison se retira dans l'ancien château appelé Grannone, bâti par les Romains, pour contenir les Saxons établis au Croisic. Les habitans se chargèrent de la défense de la ville. Dès qu'il s'agit de combattre les étrangers, les rangs, les sexes tout fut confondu. Les femmes, du haut des remparts, jetaient sur les assiégeans des pierres, des solives trainées avec effort; on dit même que, dans ce pressant danger, le clergé ne resta pas inactif. On voyait de vénérables ecclésiastiques encourager les travailleurs et par leurs discours et par leurs exemples; mais la fortune trahit le courage de ces braves gens. Une brêche, qui n'avait pas été reparée, servit de passage aux Espagnols. Dans leur fureur augmentée par une si belle résistance, ils n'épargnèrent personne. Tous avaient pris part à la défense, tous éprouvèrent la férocité des vainqueurs. Ceux que le fer avait épargnés, trouvèrent la mort sous les ruines enflammées des églises où ils s'étaient refugiés. Le château fut rasé, les fortifications furent détruites, huit mille Guerandais portèrent la peine de leur fidélité. On dit que la comtesse de Monfort versa des larmes sur les victimes d'un si beau dévouement. Ainsi Alain-le-Grand avait pleuré, lorsque cherchant les vestiges de Nantes, il avait été obligé de couper avec son épée les ronces qui en défendaient l'approche. Louis se retira chargé d'un immense butin qu'il fit embarquer au port même de Guerande.

En 1343, Jean de Monfort ordonna à Guíllaume Duverger, son lieutenant, de faire creuser de nouveaux fossés et de renfermer Guerande par de fortes murailles. Ce travail fut exécuté en partie avec les ruines de l'antique Grannone; mais on retrécit beaucoup le cercle des nouveaux ouvrages. Ce qui fut plus avantageux aux habitans, c'est qu'on s'occupa aussi du soin de rétablir leurs maisons. Le duc Jean érigea un hôtel de monnaie dans la ville réédifiée.

JEAN IV, CHARLES DE BLOIS.

La comtesse de Montfort ne fut pas plus déconcertée par la mort de son époux qu'elle l'avait été par sa prison. Son fils Jean était en sureté à la cour d'Angleterre. Secondée par les Anglais, elle sut tenir

Charles de Blois en échec. Dans un combat, ce prince perdit l'élite de son armée et fut fait prisonnier ; il resta en Bretagne pendant un an ; on le conduisit ensuite à Londres. La captivité de Charles ne ralentit point la guerre. La comtesse de Blois, Jeanne de Penthièvre, suivit l'exemple que lui donnait la comtesse de Monfort ; elle se chargea du soin de continuer les hostilités, et l'histoire nous offre le spectacle unique de deux princesses poussant la guerre avec vigueur, et montrant de part et d'autre une prudence et un courage dignes d'une meilleure cause (1). Sur ces entrefaites, le roi d'Angleterre aborda à la Hougue avec une puissante armée ; il s'avança jusqu'en Picardie, où il défit les Français à la malheureuse journée de Crécy, le 27 mars 1351. Soixante guerriers des deux partis qui déchiraient la Bretagne convinrent d'un combat, qui se donna au Chêne-Mivoie, entre Josselin et Ploërmel. Beaumanoir et Bembro en furent les deux chefs. Les armes étaient inégales. Les uns se battaient avec des maillets qui pesaient 25 livres, les autres avec des faulx à deux tranchans. On rapporte que Beaumanoir, grièvement blessé, ayant demandé à boire, un des combattans lui répondit : *Beaumanoir, bois*

(1) Les deux concurrens n'avaient pas assez de grandeur d'ame pour renoncer à des prétentions qui ruinaient les peuples qu'ils voulaient gouverner. L'intérêt public n'était rien pour eux.

de ton sang, ta soif se passera. Cette bataille, dite des Trente, ne produisit aucun résultat. C'est à peu près à cette époque que le célèbre Bertraud Duguesclin commença à se faire connaître. La prise de Fougerai, la défense de Rennes, son adresse, sa bravoure, sa loyauté dans les combats particuliers, fort à la mode dans ce tems-là, faisaient pressentir ce qu'il serait un jour. Sa fidélité à Charles de Blois, que les promesses du duc de Lancastre ne purent corrompre, n'est pas un de ses moindres titres de gloire. C'était, dit l'abbé Millot, « un chevalier » breton d'un courage à toute épreuve; sa mau- » vaise mine et la fougue de la première jeunesse » l'avaient rendu insupportable à ses parens même. » Il n'y a pas de plus mauvais garçon au monde, » disait sa mère, il est toujours battant ou battu: » son père et moi nous le voudrions voir sous » terre. » Ce caractère violent renfermait un germe d'héroïsme, qui se développa dans la suite pour le salut de la France. Charles de Blois venait d'obtenir la liberté de retourner conditionnellement en Bretagne. Cette circonstance releva son parti. Avant de quitter l'Angleterre, il avait fait un traité avec Edouard, qui s'engageait à donner sa fille en mariage à Jean, fils aîné de Charles; à lui compter quatre cent mille deniers d'or, et à le reconnaître pour duc de Bretagne. Le comte d'Herby, neveu du roi, lui représenta que ce traité le déshonorait, puisqu'il s'obligeait ainsi à dépouiller le comte de Monfort. Edouard écouta ce conseil ; le traité fut annullé, et Charles obligé d'envoyer ses deux fils pour garantie de sa rançon. Cependant les rois de France et d'Angleterre avaient fait leur paix. Un des articles portait que ces deux princes s'uniraient pour éteindre les divisions qui désolaient la Bretagne. Charles et Jean convinrent de partager le duché. Rennes devait appartenir au premier, et Nantes à Monfort ; mais Jeanne de Penthièvre écrivit à son époux : « Qu'elle l'avait prié de défendre son héritage, et qu'étant armé, il ne devait pas en sacrifier une partie. *Je ne suis qu'une femme, ajoutait-elle ; mais je perdrais plutôt la vie, et deux si je les avais, que de consentir à une chose si honteuse.* » La guerre recommença donc ; mais, dans une affaire qui eut lieu près d'Aurai, Charles voulut charger témérairement et fut tué dans le combat, le 29 septembre 1364. Monfort versa des larmes sur son cadavre. *Monseigneur*, lui dit l'anglais Chandos, *vous ne pouviez avoir votre cousin en vie et le duché tout ensemble.* Charles avait plutôt les vertus d'un moine que celles d'un prince. Capitaine médiocre, mauvais politique, homme faible et léger, il se laissa toujours gouverner par sa femme, qui lui fit faire plusieurs fautes contre sa réputation. Charles ignorait que des exercices outrés d'une dévotion mal entendue, ne sont jamais des vertus.

Après cet événement, le comte de Monfort alla passer quelques jours à Guerande. Il visita ensuite la ville du Croisic, où Nicolas Bouchard, son amiral, qui y commandait pour lui, avait fait construire un fort château et la ligne qui ferme la presqu'île à sa gorge. Enfin, la voie des négociations s'étant ouverte, le roi de France préféra le bien général à l'intérêt particulier et au désir qu'il avait de venger la mort de Charles de Blois. Les Guerandais, si maltraités dans cette guerre, qui dura 24 ans, virent la paix se conclure dans leur ville, le 12 avril 1365. Le traité fut signé devant le grand autel de *Monsieur* S.t-Aubin. La veuve de Charles obtint le comté de Penthièvre, la vicomté de Limoges et 13,000 liv. de rente.

Ainsi se termina cette série de combats et de sièges, qui coûta tant de larmes et de sang aux Bretons. Les tems historiques sont l'époque des malheurs des peuples.

Jean IV.

Ce prince, devenu paisible possesseur de la Bretagne, prêta devant ses barons les sermens accoutumés, et, quelque temps après, il se rendit à Paris, pour faire au roi de France hommage de son duché (1). Le duc, en présence du grand

---

(1) C'est-à-dire, que Jean IV reconnaissait le roi pour son souverain seigneur; mais qu'il ne prétendait pas être tellement son vassal, qu'il

conseil, se dépouilla de son chaperon et de son manteau, s'approcha du Roi, se mit à genoux, et dit qu'il faisait hommage comme ses prédécesseurs. Le roi prit les mains du prince entre les siennes, le fit lever et lui donna le baiser. Cette cérémonie achevée, Jean revint en Bretagne, assembla les états, en leur proposant ce qui était propre à fermer les plaies profondes que la guerre avait faites à ce pays. Mais le terme n'en était pas encore arrivé, et les malheurs qui accablèrent de nouveau la Bretagne, prouvent que, dans un prince, la reconnaissance poussée à l'excès peut devenir la source de grandes infortunes. Le duc, qui se croyait lié par ce sentiment au roi d'Angleterre, alors en guerre avec la France, fut assez impolitique pour accorder aux Anglais un passage sur ses terres. Cette condescendance avait le double inconvénient d'indisposer le roi de France et de faire soulever les seigneurs Bretons, qui avaient les Anglais en

put commettre à son égard le crime de félonie, et que son duché fut susceptible d'être confisqué, pour cause de rebellion, comme faisant originairement partie de la monarchie française. Depuis Jean IV, tous les ducs de Bretagne ont prétendu que leur hommage n'était point lige; c'est-à-dire, qu'ils ne prêtaient pas serment de fidélité comme les autres vassaux de la couronne, et que leur duché seulement, et non leur personne, était soumis au roi. L'origine de la mouvance du duché était, que les successeurs de Clovis l'avaient rendu dépendant de la couronne de France. Nos rois n'ont point donné de souverains à la Bretagne, comme aux autres provinces; la mouvance était donc très-différente (H. D. D. de B.).

horreur. Il arriva que les premiers s'emparèrent des places fortes et qu'ils se défirent de tous les insulaires qu'ils purent rencontrer. Pendant la courte durée de la paix, Bertrand Duguesclin s'était mis à la tête de quelques milliers de brigands qui désolaient la France, avec le projet de détrôner Pierre-le-Cruel, roi de Castille. Lorsqu'il fut près d'arriver à Avignon, le pape envoya un de ses cardinaux pour savoir ce qu'il voulait. Duguesclin répondit, qu'il allait combattre les Sarrasins, et qu'étant excommunié, il demandait l'absolution, et 200,000 francs pour ses frais de voyage. L'absolution fut accordée volontiers; mais il y eut quelques difficultés pour l'argent. Le Pape leva une contribution sur la ville; Duguesclin la fit rendre en disant qu'il exigeait que les espèces sortissent des coffres du St.-Père; il fallut obéir. Le chevalier Breton, ayant contribué avec ses troupes à l'expulsion du tyran, reçut de son successeur l'épée de connétable de Castille et plusieurs autres récompenses; mais Pierre, aidé du prince Noir, reconquit ses états et fit Duguesclin prisonnier, après l'avoir complètement battu. Le connétable paya sa rançon et revint en France.

A son retour, le roi l'envoya en Bretagne avec une armée. Duguesclin prit Hennebon, tailla en pièces tous les Anglais qui défendaient cette ville. Nantes se rendit à ses armes; Guerande et plusieurs places fortes suivirent cet exemple. Enfin Bertrand n'avait qu'à se montrer pour soumettre les cœurs et les villes (1). Les affaires de Jean IV étant désespérées, il fut obligé, en 1373, de se réfugier en Angleterre. Quelque séjour dans cette île lui procura la facilité d'enrôler 2000 hommes, avec lesquels il vint fondre sur sa patrie ; il se fit ensuite une trève, qui fut pour la Bretagne un éclair de bonheur. Le duc retourna en Angleterre avec la duchesse. Le roi de France, fatigué par ces guerres, dont le moindre inconvénient n'était pas de ramener sans cesse les Anglais dans le royaume, résolut de réunir la Bretagne à sa couronne. Il eût réussi à exécuter ce projet, s'il eût commencé par envoyer des troupes en nombre suffisant pour s'emparer des points essentiels; mais il suivit une marche contraire. Il ne cacha pas sa résolution aux principaux seigneurs, et le duché lui échappa. Les Bretons, qui détestaient les Anglais, étaient loin d'aimer les Français. La crainte de perdre leurs privilèges et leur indépen-

(1) Duguesclin termina sa glorieuse carrière le 13 juillet 1380, devant Château-neuf-de-Randan. Son corps fut déposé dans la sépulture royale de St.-Denis. Les Anglais, appréciateurs de ce grand homme, l'honneur de la chevalerie, payèrent à son ombre une espèce de tribut. Ils avaient promis de se rendre, s'ils n'étaient pas secourus à un certain terme. Ce terme expiré, le commandant, suivi de la garnison, vint se prosterner aux pieds du cadavre, et déposa sur son cercueil les clefs de la forteresse.

(Iraïl.)

dance les révolta. Ils envoyèrent une députation au duc, en Angleterre, pour l'informer de ce qui se tramait et le prier de rentrer dans sa patrie, ajoutant qu'il y trouverait obéissance et dévouement. Sur ces entrefaites, le roi de France désigna des commissaires pour s'emparer des villes. Il ordonna même au prince de Bourbon de se rendre en Bretagne; mais les Bretons étaient unis pour leur liberté, et aucune place ne fut remise.

Le duc, ayant eu soin de s'assurer que la démarche des barons ne cachait aucune arrière-pensée, s'embarqua à Southampton. Il prit terre à Saint-Malo. « Une chose remarquable est que, malgré tant de » troubles et de ravages, il retrouva ses meubles, » sa vaisselle et ses trésors, dans le même état que » s'il les eût conservés lui-même. Il toucha aussi » tous les revenus du duché que, pendant son ab- » sence, on avait déposés en lieu sûr. » La guerre reprit une nouvelle vigueur. Le roi d'Angleterre envoya au duc un secours de 6000 hommes, qui débarquèrent à Calais (1). Nous ne parlerons point

(1) Clisson, fameux guerrier, dont le nom se place naturellement à côté de celui de l'immortel Duguesclin, son frère d'armes, se disposait à assiéger Guerande; mais les habitans qui le détestaient depuis qu'il s'était donné au roi de France, munis de tout ce qui est nécessaire pour soutenir un siège, le forcèrent à lever celui de leur ville. Ils le craignaient si peu qu'ils faisaient souvent des excursions sur les terres qu'il possédait près de Blain. Clisson abandonna le dessein de les attaquer; mais il engagea l'a-

des sièges et des nouveaux combats qui eurent lieu ; ce détail ne serait d'aucun intérêt pour le lecteur. Nous nous empresserons d'arriver à cette heureuse époque où il fut permis aux Bretons de se reposer, après tant de fatigues, à l'ombre des lauriers qu'ils avaient moissonnés. Le duc sépara ses intérêts de ceux du roi d'Angleterre. L'an 1381, il fit sa paix et un nouvel hommage au roi de France. Cette paix fut ratifiée, le 4 avril, dans la chapelle de Notre-Dame-la-Blanche de Guerande. Le monarque anglais, outré de cette conduite, voulut retenir la duchesse prisonnière ; mais il fut obligé de la remettre aux députés qui vinrent la réclamer.

Clisson, devenu connétable de France, montra, pour le duc, une aversion qui fut pour ce prince une source de querelles, d'humiliations et d'inquiétudes. La dignité de connétable, en lui donnant un libre accès auprès du roi, avait augmenté son orgueil ; il se croyait l'égal de Jean IV. Cette

---

miral d'Espagne à faire une descente pour s'emparer de S.-Nazaire. Messire Jean Dust, qui commandait cette place, avait eu soin de la tenir en bon état. Il lui envoya dire que s'il voulait mettre quelqu'un à terre, il la montrerait, en lui donnant un ôtage ; ce qui fut fait. L'amiral comprit, par le rapport de son envoyé, que cette entreprise surpassait ses forces et il l'abandonna. Jean Dust offrit de combattre celui des Espagnols qui voudrait se mettre en lice. Personne ne se présenta. L'amiral mit quelques troupes à terre au-dessus du Croisic. Du Châtel, qui commandait à Guerande, sortit, les attaqua et les défit.

opinion, jointe à la hauteur qu'il apportait dans ses relations avec celui dont il était le vassal, faillit à lui coûter la vie. Le duc résolut de s'en défaire; il feignit une réconciliation, attira Clisson dans le château de l'Hermine, et, l'ayant engagé à monter dans une tour, il le fit saisir par des soldats qui y étaient cachés, et donna à un de ses officiers l'ordre de se défaire du connétable. Heureusement pour ce dernier, ce gentilhomme, nommé Bavalan, connaissait l'excellence du cœur de son maître, de ce prince qui avait pleuré Charles-de-Blois. Il différa l'exécution, vint se présenter au duc qui lui demanda s'il avait été obéi; il répondit affirmativement. Jean ne tarde pas à éprouver des remords, le sommeil fuit sa paupière, le supplice de Clisson assiége sa pensée, déjà il se reproche sa mort. L'officier, malgré la défense qui lui a été faite de s'offrir aux yeux de son maître, se jette à ses genoux et lui avoue sa désobéissance. Le duc, charmé de cette nouvelle qui lui rend son repos, relève Bavalan qui vient de lui épargner un crime, et le gratifie d'une somme d'argent.

Clisson n'obtint cependant sa liberté, qu'en promettant, sous caution, de rendre les places fortes dont il s'était emparé, et de compter 100,000 liv. au duc. Le premier usage qu'il fit de sa liberté, fut de se rendre auprès du roi. Il lui persuada, par un discours artificieux, que sa gloire était intéressée à venger la violence exercée sur la personne de son connétable. La guerre fut donc résolue ; mais les ducs de Bourgogne et de Berry, surent conjurer l'orage. Jean IV fut obligé de venir demander pardon au roi. Long-tems après, le seigneur de Craon, qui haïssait mortellement Clisson, attenta à ses jours au milieu de Paris, le connétable ne fut que légèrement blessé; Craon se retira en Bretagne. Quelques historiens prétendent que le duc n'était point étranger à cette conspiration ; il ne pardonnait pas à Clisson d'avoir donné sa fille en mariage au fils de Charles-de-Blois, après en avoir payé la rançon au roi d'Angleterre. Ces troubles finirent par une réconciliation sincère entre le duc et le connétable.

Jean IV, veuf en secondes noces de Jeanne de Hollande, morte en 1385, sans postérité, épousa Jeanne de Navarre. La princesse, conduite par mer en Bretagne, vint débarquer à Guerande ; le duc s'y rendit, et le mariage fut célébré dans la chapelle de Saint-Clair de Saillé, avec une extrême magnificence, le mardi 11 septembre 1386 (1). La princesse reçut pour douaire la ville et le château de

(1) Le tableau qui représente cette cérémonie a échappé au vandalisme révolutionnaire; c'est une peinture assez grossière qui se voit encore dans l'église de Saillé. Le cadre qui la renferme a environ un mètre de hauteur, sur une largeur d'un mètre 25 centimètres.

Guerande. La dépense du voyage, que le duc paya en entier, s'élevait à peu près à 32,250 liv.

Jean mourut à Nantes, en 1399. Quelques auteurs prétendent qu'il fut empoisonné; mais nous pensons avec Voltaire, qu'il faut des preuves de la dernière évidence, pour admettre de pareilles allégations. Le prince était digne du surnom de Vaillant ou de Conquérant, qui lui fut donné; ainsi que Henri IV, il conquit son royaume; c'est à peu près le seul trait de ressemblance qu'il y ait entre ces deux princes. Jean laissa huit enfans. L'aîné lui succéda, sous le nom de Jean V.

Ce duc institua le collier et l'ordre de l'hermine. Ce collier était composé de deux chaînes, qui, par leurs extrémités, étaient attachées à deux couronnes ducales, chacune desquelles renfermait une hermine passante. Une des couronnes pendait sur la poitrine et l'autre était sur le cou. Les chaînes étaient composées de quatre fermoirs, et ces fermoirs n'étaient qu'une hermine avec un rouleau autour du corps, sur lequel ces mots étaient écrits: *A ma vie*. Ce qu'il y avait de singulier dans cet ordre de chevalerie, c'est que les dames étaient admises sous le nom de chevaleresses. Les autres ducs ajoutèrent un collier composé d'épis de blé, et terminé par une hermine pendante.

JEAN V.

Alain Bouchard, qui a écrit un siècle après la mort de Jean IV, raconte que Marguerite de Clisson, femme du comte de Penthièvre, ayant appris cet événement, entra de grand matin dans la chambre de son père, nommé, conjointement avec le duc de Bourgogne, régent de Bretagne et tuteur des jeunes princes ; elle lui dit que l'occasion était favorable pour remettre la couronne ducale en sa maison ; que la voie était facile, puisque les enfans de Jean IV se trouvaient en sa puissance. Clisson, que plusienrs auteurs accusent d'avoir abrégé les jours de son souverain, fut tellement indigné de cette horrible proposition, qu'il saisit une hallebarde dans le dessein d'en frapper sa fille, qui se cassa la cuisse en s'enfuyant.

D'Argentré rapporte que la veuve de Jean avait été nommée, par testament, tutrice et régente, et, qu'en 1403, ayant épousé Henri IV, roi d'Angleterre, qui croyait par ce mariage devenir maître de tous les ports de la Bretagne, elle céda ses droits au duc de Bourgogne, en faisant à ses enfans l'abandon de son douaire. Jean V, âgé seulement d'onze ans, s'était rendu à Rennes, pour la cérémonie usitée. On l'avait revêtu des habits royaux (1), et on avait placé sur sa tête un cercle

(1) Ce qu'on appelait habits royaux, était une soutane de pourpre, fourrée d'hermines, recouverte d'un manteau de même étoffe. L'hermine est une fourrure qui vient d'Arménie.

d'or. Le duc de Bourgogne emmena le jeune prince et ses frères à Paris, après avoir fait en Bretagne un séjour de deux mois seulement. Lorsque le duc eut atteint sa quinzième année, on lui remit le gouvernement de ses états, et il rendit au roi l'hommage acoutumé. Peu de tems après, des Bretons furent tués dans une descente qu'ils effectuèrent en Angleterre. Guillaume Duchâtel, qui avait si bien défendu Guerande, périt dans cette expédition. Tanneguy Duchâtel, son frère, vengea sa mort en brûlant Yarmouth. Le jeune duc en vint plusieurs fois aux mains avec les Anglais, qui voulaient s'emparer d'une flotte française. Il se brouilla dans la suite avec le duc de Bourgogne, fils aîné de son tuteur, et assassin du frère de Charles VI (*le duc d'Orléans*), parce qu'il avait donné une de ses filles en mariage au comte de Penthièvre, dans le dessein de faire revivre l'ancienne querelle qui, si long-tems, avait divisé cette maison et les comtes de Monfort. Marguerite de Clisson était portée naturellement vers ce projet chimérique; elle ne cessait d'ourdir des trames secrettes qui tendaient à ce but. Jean V fit alliance avec la veuve du duc d'Orléans, et ménageait la reine de France, Isabelle de Bavière. Cette princesse écrivit de Melun, au duc de Bretagne, pour l'inviter à la secourir; il se hâta de s'y rendre, et fut assez heureux pour la faire rentrer dans Paris, avec une escorte composée de Bretons ; mais les troubles continuant à agiter cette ville, le duc conduisit la reine à Tours, et revint à Nantes, où il se décida à traiter avec les Anglais, malgré les prières de la duchesse, son épouse. Il changea bientôt de résolution, et dirigea ses négociations vers le duc de Bourgogne, avec lequel il fit sa paix. En 1412, les princes du sang français étant entrés en accommodement, le mariage de Charles de Bourbon, fils aîné du duc de Bourgogne, fut résolu avec la fille de Jean V. Trois ans après, la France étant toujours en guerre avec les anglais, le comte de Richemont, Artur, frère du duc, fut fait enseigne du dauphin et prisonnier à la bataille d'Azincourt, si funeste aux Français ; il est probable qu'ils eussent été vainqueurs, si le combat eut été différé d'un jour seulement, car le duc de Bretagne venait avec un secours de 10,000 hommes, mais il n'arriva que pour être témoin de cette défaite. En reconnaissance de sa bonne volonté, le roi lui rendit Saint-Malo. La mésintelligence continua de régner entre les princes français ; cependant, le dauphin, touché des maux qu'elle occasionnait, résolut une conférence avec le duc de Bourgogne, pour aviser aux moyens de chasser les anglais qui désolaient le royaume. On choisit Montereau pour cette entrevue ; mais, au moment où le duc de Bourgogne se disposait à passer le pont, il fut assassiné par les gens du dauphin. Tanneguy Duchâtel lui porta le premier coup (1). L'odieux de cette action réjaillit sur le dauphin, quoique rien ne prouve qu'elle ait été méditée par ce prince. La plupart de ses partisans l'abandonnèrent; il fut déclaré déchu du trône, banni du royaume à perpétuité, et on décida qu'après la mort du roi Charles VI, la couronne de France passerait à Henri V, roi d'Angleterre. Le dauphin, mécontent du duc de Bretagne, qui lui avait refusé des troupes, promit à Marguerite de Clisson et à ses enfans, que s'ils parvenaient à s'emparer de la personne de Jean V, il s'unirait à eux pour les remettre en possession du duché. Cette idée séduisit Marguerite, qui trouvait ainsi le moyen de satisfaire deux passions qui la dominaient, la haîne et l'ambition, sources des crimes des princes et du malheur des peuples. Elle n'épargna rien pour fanatiser le comte de Penthièvre, et l'engager à faire tous ses efforts pour se mettre dans la confiance du duc. Il partit pour Nantes, et s'acquitta de sa mission, au gré de sa mère; il se couvrit, dans ses démarches, d'une apparence de franchise dont le prince fut la dupe. Le duc était dans l'âge des passions, il se plaisait dans la compagnie des

(1) Voltaire justifie Tanneguy de cet assassinat. (Essai sur les mœurs, tome XIII, notes des pages 233 et suiv., éd. Perroneau).

dames. Lorsque le comte eut découvert cet endroit faible, il dirigea ses attaques de ce côté. Il réussit enfin à engager le crédule Jean à faire une visite à sa mère, qui habitait Champtoceaux; il n'oublia point de s'assurer qu'il y trouverait réunies des personnes dignes de ses regards. Le duc, en dépit de son cousin, accepta la proposition; il partit avec quelques seigneurs. Si cette démarche témoigne en faveur de sa bonté, elle prouve aussi qu'il ne connaissait pas le cœur humain. A peine eut-il passé le pont de la Troubarde, que le comte de Penthièvre, à la tête d'une quarantaine de lanciers, s'avança et fit prisonnier le duc et sa faible escorte, au nom de Monseigneur le Dauphin. On le conduisit à Palluau, où il fut plusieurs fois menacé de perdre une vie à laquelle ce prince tenait singulièrement. On en peut juger par les vœux qu'il fit pendant sa captivité, de donner, à différentes églises, son pesant d'or et son pesant d'argent. Marguerite de Clisson lui disait un jour qu'il y avait plusieurs exemples de princes dépouillés de leurs états; il répondit : *Qu'il ne lui challait de déposition de seigneurie, pourvu qu'il fut assuré de sa vie.* Toute la Bretagne se souleva contre cette indigne trahison. C'était une idée brillante pour la jeunesse bretonne, de marcher à la délivrance de son souverain. L'esprit de chevalerie imprimait alors à la noblesse un caractère de grandeur, de courage et de loyauté, dont l'état tirait le plus grand avantage. Le dauphin, prévoyant que les Penthièvre ne pourraient en soutenir le choc, les abandonna à leurs propres forces, et le prince breton recouvra sa liberté. Une assemblée des états, tenue à Vannes, les condamna à mort, et déclara leurs biens confisqués. En 1422, un accident termina la carrière de Charles VI, et le dauphin, avec qui Jean V avait traité, fut proclamé, à Poitiers, sous le nom de Charles VII. Le comte de Richemont reçut l'épée de connétable de France, et le duc de Bretagne se rendit à Saumur, où se trouvait le nouveau roi. Il lui conseilla fortement de se reconcilier avec le duc de Bourgogne, s'il voulait se garantir de ses entreprises. Les anglais, cependant, étaient maîtres du royaume; le duc de Bedfort, qui en était le régent, envoya demander à Jean V l'hommage de son duché; le duc fit une réponse artificieuse. C'est à cette époque que parut Jeanne d'Arc, dite la Pucelle d'Orléans. On connaît ses aventures, ses exploits et son supplice. Malgré les agitations qui désolaient la France, en 1431, la Bretagne jouissait, sinon d'une paix profonde, au moins d'une tranquillité momentanée. Jean maria son fils aîné avec la fille du roi de Sicile, Yolande, qui mourut au bout de neuf ans, sans postérité. Le connétable Richemont resta fidèle au Roi. Le maréchal de Retz, de la maison de Laval, fut brûlé à Nantes, pour plusieurs crimes, et le duc mourut en 1442. C'était un prince bon et très-pieux. Il avait fondé à Savenai un monastère de cordeliers.

Guerande est redevable à Jean V, des murailles qui l'entourent. Il avait été établi, par ordre de ce prince, une levée de deniers sur tout ce qui s'y débitait. Le produit en fut consacré à la fortification de la ville. Elle fut fermée, en 1431, d'un rempart qui passe pour avoir été un des plus beaux de ce tems là.

François I.er

Une des premières choses que fit ce prince en prenant les rênes du gouvernement, fut d'envoyer en Angleterre Gilles de Bretagne, son frère. Il le chargea d'amener le monarque Anglais à un accommodement avec la France, et de lui offrir ses services, en demandant toutefois la restitution du comté de Richemont. Henri VI accueillit favorablement le noble député; il promit d'entrer en négociations avec le roi de France; et il tint sa parole. Il en résulta, non pas une paix illimitée; mais une trève qui dura jusqu'au mois d'avril 1448. Le duc se rendit à Paris, afin de remplir la formalité de l'hommage. Il reçut du roi une amnistie générale, pour toutes les alliances contractées avec les ennemis du royaume. Le prince Gilles était fier du succès de sa mission, et de l'attachement que lui avait témoigné le roi d'Angleterre. Il s'en prévalut près de son frère, demanda avec orgueil une augmentation d'apanage; Gilles s'était fait des ennemis en épousant Françoise de Dinan, riche héritière, qu'il avait, pour ainsi dire, enlevée à Artur de Montauban, qui en briguait la possession. Ce dernier était dans l'intimité du duc François; il jura la perte de celui qu'il regardait comme un ravisseur, et réussit à faire partager à son souverain la haine qu'il avait vouée à son malheureux frère; il lui persuada que Gilles méditait sa perte, d'accord avec les Anglais. Le duc eut la bassesse de dénoncer Gilles au roi de France. La loyauté du frère de François était un sûr garant de son innocence. Ce prince avait refusé la dignité de connétable que lui offrait Henri VI, en disant qu'il ne voulait pas faire la guerre au roi de France, son oncle. Charles VII, alarmé des prétendues machinations de Gilles de Bretagne, donna l'ordre de l'arrêter et de le livrer à son frère. Alors le duc laissa un libre cours à son aversion. Il n'omit rien pour le faire condamner juridiquement à mort; mais il fallait des preuves, et il s'en trouvait à peine d'assez fortes pour justifier sa détention. Les juges qu'on avait cherché à intimider, conservèrent leur noble caractère; ils demeurèrent impassibles. Le connétable Richemont reprocha au duc son acharnement, et lui conseilla de rendre la liberté à son neveu. François, aigri par les rapports mensongers des ennemis de Gilles, qui étouffaient dans son cœur tous les sentimens de la nature, dévoua son frère à la mort. Il voulut donner cette mission à un de ses courtisans; mais l'atrocité de ce crime le révolta, et il prit la fuite. Olivier de Méel, né sujet de la Maison de Montauban, se chargea de la vengeance. Il envoya chercher à grands frais des poisons en Italie; mais ils n'eurent pas assez de force pour faire mourir le prince, qui, sans doute, avait pris ses précautions. Tandis qu'on travaillait à ôter la vie à Gilles, le connétable s'occupait de sa conservation. Cédant à sa prière, le roi de France envoya en Bretagne Prégent de Coëtivi; il était chargé de faire rendre la liberté au prisonnier. Sur ces entrefaites, Jean de Chatillon, comte de Périgord et vicomte de Limoges, devenu l'aîné de sa maison, céda au duc François toutes ses prétentions sur la Bretagne, moyennant 120,000 écus d'or et plusieurs autres avantages. Le comte, craignant que le roi ne désapprouvât cette transaction, se fit donner une contre lettre par François I.er

Les Anglais, mécontens de la bonne intelligence qui régnait entre François et Charles VII, résolurent d'inquiéter le duc. Ils s'emparèrent de Fougères, qu'ils mirent à feu et à sang. Cet acte d'hostilité ralluma la guerre entre la France et l'Angleterre. Le prince Breton, après avoir donné la lieutenance générale du duché à Pierre, son frère, marcha avec le roi de France vers la Normandie. François et le connétable Richemont déployèrent une grande valeur, et la victoire les mit souvent au nombre de ses favoris. Le résultat de leurs efforts amena la prise d'une partie de cette province. Le duc se trouvait devant Avranches quand on apprit la mort de Gilles de Bretagne. Ce malheureux prince venait de succomber victime de la haine de ses ennemis, qui avaient tramé sa mort avec une scélératesse inouie. Le duc, dans un moment de fureur, où l'avait jeté la lecture d'une lettre supposée de son frère, avait laissé échapper quelques mots qui firent comprendre à ses ennemis qu'il s'en verrait débarrassé avec plaisir. Aussitôt Gilles fut enfermé dans une des salles du château de la Hardouinaie. On voulait qu'il périt par la faim ; une pauvre femme, attirée par ses gémissemens, trouva le moyen de lui faire passer, à travers la grille de sa prison, quelques morceaux de pain qui prolongèrent sa carrière infortunée ; mais le terme en parut trop éloigné encore à ses bourreaux, qui l'étouffèrent entre deux matelas.

François n'échappa ni à la voix de sa conscience,

ni à l'indignation publique. Le connétable l'accabla de reproches. Enfin le chagrin, les remords qui le déchiraient épuisèrent ses forces. Il tomba dans une maladie de langueur qui abrégea ses jours. Il mourut le 19 juillet 1450, et fut enterré à Redon. Le meurtre de son frère est une tache honteuse à sa mémoire.

Il avait désigné pour son successeur, Pierre de Bretagne, et spécifié que, s'il ne laissait pas d'enfans mâles, le comte de Richemont lui succéderait, et que les filles seraient habiles à posséder le duché, seulement dans le cas d'extinction de la ligne masculine.

Pierre II.

A François I.er succéda Pierre II, son frère, qu'il avait désigné, et qui s'occupa, lorsqu'il eut fait au roi l'hommage usité, de punir les meurtriers du prince Gilles. Par les soins du connétable de Richemont, Olivier de Méel fut arrêté au château de Marcoussy, près de Paris. Il eut la tête tranchée à Vannes. Plusieurs de ses complices y furent aussi exécutés. Artur de Montauban, dont ils avaient servi la haîne, s'échappa et se fit moine. Il devint dans la suite archevêque de Bourges et mourut dans cette dignité. Pierre ne régna que neuf ans; la veille de sa mort, il déclara *qu'il lais-*

sait la duchesse, son épouse, vierge comme il l'avait reçue. Ce fut, dit-on, par esprit de pénitence qu'il vécut avec elle..... comme s'il eût été dans le célibat. Ce prince, qui n'avait aucune des vertus d'un souverain, fut cependant regretté par la nation Bretonne.

Artur III.

Le comte de Richemont, connétable de France, guerrier couvert de gloire et chargé d'années, succéda à Pierre II. C'était un loyal breton, chevalier sans peur et sans reproche. Il ne consentit point, quoique duc et sollicité par ses barons, à se démettre de la charge de connétable de France. Je veux en la conservant, leur répondit-il, honorer dans ma vieillesse une dignité qui m'a fait honneur dans ma jeunesse. Lorsqu'il fit au roi l'hommage de son duché, on lui laissa son épée ; ce qui n'avait pas eu lieu envers son prédécesseur. Il fut assez heureux pour obtenir du roi la grâce du duc d'Alençon, qui avait trahi la France, en promettant de livrer à ses ennemis plusieurs places. Guillaume de Malestroit, évêque de Nantes, qui devait tout au duc Artur, se montra, par son ingratitude et sa méchanceté, indigne des bienfaits qu'il en avait reçus. Artur, auquel il refusait l'hommage de son temporel, le fit signifier pendant une procession, démarche inconsidérée qui n'eut d'autre résultat que de causer des chagrins au duc et de le faire excommunier par ce prélat. Le règne de ce prince, qui promettait de si beaux jours à la Bretagne, ne fut que d'une année. Il termina sa glorieuse carrière en 1459. On prétend qu'il avait été empoisonné; mais alors on voyait du poison par-tout. Quoiqu'il eût été marié trois fois, il ne laissa point d'enfans légitimes.

Les Bretons et les Français de toutes les classes chérissaient Artur, et les étrangers, en l'admirant, redoutaient sa valeur.

FRANÇOIS II.

La souveraineté de la Bretagne échut, en 1459, à François II, comte d'Etampes, neveu d'Artur III. L'histoire de son règne présente une suite d'évènemens, de guerres, de négociations qui se refusent à une analyse exacte. Le nouveau duc commença par se liguer avec le duc d'Orléans et le comte d'Angoulême contre François Sforce, qui s'était emparé du Milanais. Le motif fut que sa mère était fille de Valentine de Milan, mais cette ligue n'eut aucun résultat pour lui. Les évêques de Nantes et de Rennes, qui, relativement au temporel, se prétendaient indépendans de François, lui suscitèrent de longues querelles. Le duc n'observa point envers Amauri, évêque de la première de ces deux villes, les bienséances que commandaient le caractère dont il était revêtu. Les prélats portèrent leur plainte au roi de France. A Charles VII venait de succéder Louis XI. La politique de ce prince, qui était loin d'avoir la franchise en partage, le porta, dans le dessein de connaître les forces de la Bretagne, à faire un voyage dans ce pays, sous prétexte de voir le tombeau d'Artur. Il vint donc à Redon; ensuite il se rendit à Nantes. François l'accueillit assez froidement. Le roi voyait avec peine l'union régner entre le duc et le comte de Charolais. Ses efforts ne purent les désunir. Enfin, il s'immisça dans la querelle des évêques, et, pour juger le différent, il envoya le comte du Maine à Tours. François ne voulait le reconnaître que comme arbitre, ce qui n'empêcha pas le comte du Maine de faire rendre une sentence qui défendait au duc de jouir du droit de régale et séquestrait le temporel de l'évêque de Nantes, avec défense au prince Breton, sous peine d'une amende, de mettre empêchement à cette sentence. Des officiers furent envoyés à Nantes pour la mettre à exécution; mais on ne leur permit pas d'entrer dans la ville. Le duc profita de la circonstance pour députer des personnes affidées aux princes et aux seigneurs qu'il savait être indisposés contre le roi. Il se ménageait dans leur amitié une ressource en cas de guerre avec Louis. L'arrivée en Bretagne du jeune duc de Berri, frère du roi, augmenta ses espérances. Ce prince, âgé de 17 ans, était peu satisfait de son apanage. Il fut suivi du comte de Dammartin, qui s'échappa de la Bastille et fut encore accueilli par le duc. L'orage grondait autour du trône. Une conspiration s'était formée contre le monarque. Ceux qui en faisaient partie se rassemblaient dans l'église de N.-D. Une petite aiguillette de soie à la ceinture distinguait les conjurés et leur servait de signe de reconnaissance. Le roi publia un manifeste contre le duc de Bretagne ; il ordonna des levées ; mais les troupes ne se rangèrent point de son côté. Les ducs de Berri, de Bretagne, de Bourbon, d'Alençon, de Calabre, les comtes Dunois, d'Armagnac se soulevèrent contre Louis XI. Le duc de Bretagne entra en France avec une armée de six mille hommes ; les confédérés remportèrent quelque avantage. Le roi, qui craignait les conséquences de cette guerre, partit pour Conflans, où était alors le comte de Charolais. Dans cette entrevue, où le monarque affecta beaucoup de franchise, il fut convenu que ce chef de la ligue aurait les villes de la Somme, et que le comte de S.-Pol, qu'il affectionnait, serait fait connétable de France. Par le traité qui fut signé à Conflans, le 5 octobre, le roi céda la Normandie au duc de Berry, cassa la sentence du comte du Maine, reconnut tous les droits de François II sur les évêques, la régale, etc., et s'engagea à lui compter 120,000 écus d'or. Les Normands, que le roi avait irrités contre le duc de Bretagne, formèrent le projet de le tuer s'il entrait à Rouen avec le duc de Berry; François en fut informé et agit en conséquence. Le prince Breton, justement alarmé de la politique artificieuse du roi de France, traita avec Edouard IV, roi d'Angleterre (1), qui, dans une lettre où il lui promet des secours, le qualifie de haut et puissant prince et cher cousin. Le duc ne borna pas là ses démarches; il fit alliance avec plusieurs autres princes et seigneurs. Le roi, qui en fut informé, n'omit rien pour détacher du parti Breton le comte de Charolais, duc de Bourgogne (Charles le Téméraire). Il lui envoya même, en qualité d'ambassadeur, le connétable de Saint-Pol. La seule réponse qu'il en obtint fut : *Je vous prie de dire au roi de ne rien entreprendre contre le duc de Bretagne, ou nous le défendrons.* En effet, plusieurs princes abandonnèrent la confédération; mais les deux ducs restèrent alliés. Le roi fit porter le cordon de l'ordre de St.-Michel, qu'il venait d'instituer, au duc de Bretagne. Celui-ci le refusa en répondant que l'observation des statuts de cet ordre était incompatible avec sa dignité. Le roi, piqué de ce refus qui contrariait ses vues, résolut de guerroyer; ainsi voilà des

(1) Et non Edouard VII, comme l'a écrit l'historien des ducs de Bretagne. Ce n'est pas la seule erreur que nous ayons relevée; mais notre travail l'exigeait et nous ne voulons pas nous en faire un mérite.

peuples obligés à se faire tuer parce qu'il n'a pas plu à un de leurs maîtres de recevoir un cordon. François fut contraint de renoncer à l'alliance du Bourguignon, auquel le roi fit la guerre, excité par les intrigues de son connétable, ce même comte de Saint-Pol qui fut décapité en 1474. Quelque temps auparavant, le duc de Guyenne était mort empoisonné par l'abbé de St.-Jean-d'Angély (1). Louis XI nomma François, qui avait rompu avec le roi d'Angleterre, lieutenant-général du royaume. Il n'est pas besoin de dire que ce n'était qu'un vain titre; le caractère défiant du roi le fait assez penser. Cette nouvelle dignité n'empêcha point le prince des Bretons de se lier encore avec les Anglais. Sa correspondance avec leur souverain tomba entre les mains de Louis. Il ôta le comté d'Étampes au duc, qui n'épargna rien pour l'appaiser. Il résulta de sa soumission un autre traité, qui fut juré sur le St.-Sacrement; les deux princes s'engageaient par serment à ne *se prendre*, *ni tuer ni faire tuer*. Ces traités, qui coûtaient aussi peu à faire qu'à violer, peignent bien le cœur de Louis XI. Ce monarque craignant,

(1) Le duc était à Saint-Sever avec la dame de Montsoreau sa maîtresse. L'abbé présenta à la dame une belle pêche dont elle prit la moitié et donna l'autre moitié au duc. La dame et le prince moururent après avoir éprouvé d'horribles souffrances. (*Hist. de B.*)

qu'à la mort du duc François, la Bretagne ne passât, par le mariage de l'une de ses filles, dans une maison étrangère, acheta les prétentions au duché de Nicole de Bretagne et de Jean de Brosses son mari. Le duc, en étant instruit, renouvela son alliance avec l'Angleterre et en fit une avec Maximilien. François était gouverné par Pierre Landais, homme de basse extraction, mais politique adroit, qui lui était devenu nécessaire et dont il avait fait son favori et son trésorier.

User fait le bonheur, abuser le détruit.

Landais ne profita pas de cette maxime. A l'ombre de la puissance ducale, il commit des injustices et des crimes; la fin tragique du chancelier Chauvin, qui mourut en prison des mauvais traitemens du ministre, souleva la noblesse et le peuple. On se porta au château de Nantes, pour s'emparer du favori; mais il ne s'y trouva point. Les principaux seigneurs, indignés contre Landais, s'adressèrent à M.me de Beaujeu, sœur du roi de France. Elle promit de les délivrer de cet homme qui leur était odieux, à condition qu'ils reconnaîtraient, à la mort du duc, les droits du roi au duché de Bretagne; ils s'y engagèrent. Landais, informé de cette convention et fier de la découverte, s'en fit un nouveau titre à la bienveillance de son maître. Les seigneurs qui avaient accédé au traité furent proscrits. On convint d'attirer en Bretagne le duc d'Orléans. Ce prince y vint en effet, porté par une inclination secrète pour Anne, fille aînée de François (1); mais il fut bientôt mandé à Tours, où se tenaient les états qui, grâce aux intrigues de M.me de Beaujeu, nommèrent son mari régent de France. Le duc d'Orléans ne fut reconnu que pour la seconde personne du royaume. Les manières affables et populaires de ce prince le faisaient chérir des Parisiens parmi lesquels il trouva de nombreux partisans. Ayant su qu'on avait donné des ordres pour l'arrêter, il se porta sur Orléans à la tête de quelques mille soldats. Cependant Landais ne cessait d'intriguer en Bretagne. Il avait conçu le gigantesque projet de détrôner le souverain qui donnait alors des lois à l'Angleterre; c'était Richard III qui, après la mort d'Edouard, avait égorgé ses deux neveux et usurpé la couronne. Le tyran, connaissant le mérite de Henri, comte de Richemont, qui avait des droits au trône, engagea le duc de Bretagne qui, depuis

(1) Nous pensons que les historiens qui allèguent ce motif, se trompent évidemment; Anne de Bretagne, trop jeune pour inspirer de pareils sentimens, n'était âgée que de douze ans, lorsque le duc, son père, mourut.

long-temps tenait ce prince prisonnier, à le remettre entre ses mains. Landais alla trouver Henri dans sa prison, lui offrit sa liberté et des troupes, pour se rendre en Angleterre. On pense bien que le comte de Richemont accepta la proposition avec joie. Il s'embarqua avec une armée; mais la tempête le jeta sur les côtes de Dieppe; il revint en Bretagne. Landais, désespérant de la réussite de l'entreprise, prit la résolution de le livrer à Richard. Henri en fut averti assez à temps pour se sauver en France, où le roi lui accorda quelques secours. Le prince se confia de nouveau à la mer. Cette fois, la fortune servit son courage. Richard fut tué dans un combat, et le comte de Richemont, sous le nom de Henri VII, monta sur le trône d'Angleterre (1). La foudre grondait sur la tête du ministre Landais. Le baron d'Avaugour, fils naturel de François, envoyé par lui pour combattre les Seigneurs révoltés, se rangea de leur parti. On marcha d'un commun accord contre le château de Nantes, qu'habitaient le duc et son favori. Celui-ci se réfugia dans la chambre de son maître, croyant cet asile inviolable; mais le peuple mutiné demandait à grands cris qu'on

(1) Cet événement termina les différends qui divisaient les maisons de Lancastre et d'Yorck; la rose blanche, et la rose rouge.

livrât le ministre. Le duc effrayé, envoya le comte de Foix, son beau-frère, pour le haranguer. Il revint sans avoir pu le faire, et lui dit: *Monseigneur, j'aimerais mieux être prince d'un million de sangliers, que de tel peuple que sont vos Bretons.* Il fallut, pour conjurer l'orage, livrer le trésorier Landais, qui fut jugé, convaincu de plusieurs crimes, entr'autres d'avoir fait mourir Edouard, fils du malheureux Gilles, et pendu à l'insçu de François. Les Seigneurs rentrèrent en grâce et même en faveur. Cet événement fut suivi d'une déclaration du duc de Bretagne, approuvée par les états, qui établissait ses filles héritières du duché. Le duc d'Orléans vint de nouveau se réfugier à Nantes avec Dunois, ce qui attira la guerre en Bretagne, sous le prétexte qu'on y avait reçu les transfuges. Le maréchal de Rieux et un grand nombre de Seigneurs distingués, se déclarèrent pour le roi. Cependant ils l'abandonnèrent lorsqu'ils virent que ce prince, à qui on avait proposé toute satisfaction, refusa de cesser les hostilités. La sûreté du souverain de la Bretagne avait été compromise à Vannes, où il s'était retiré. Il fut redevable de son salut au prince d'Orange, qui était parti de Nantes à la hâte pour le secourir. Le prince aborda au Croisic, où trois vaisseaux l'attendaient. Les habitans de cette ville et ceux de Guerande, touchés du danger qui menaçait leur souverain, avaient augmenté le nombre de ces vaisseaux remplis, par leurs soins, d'hommes et de munitions. Cette preuve de fidélité et d'attachement ne resta point sans récompense. Le duc revint à Nantes sur un de ces navires ; mais la fortune adverse le poursuivait encore. Les Français l'assiégèrent dans cette ville. Menacé de la mort à chaque instant, il fit vœu, s'il sauvait sa vie, de donner à une église de Florence le plan de cire en relief, de la ville de Nantes. Les Guerandais qui l'avaient tiré de Vannes, étaient encore appelés à lui rendre un nouveau service.

« Cinq cents bourgeois de Guerande (1), dit Irail, » conduits par Dunois, choisis et déterminés, » portant des croix noires sur leurs armes, après » avoir passé la rivière (2) en présence des Français, » qu'ils attaquèrent vivement et dont ils firent un » grand carnage, se jetèrent dans la ville. Les » assiégeans, qui comptaient la prendre aussitôt » après l'avoir investie, étonnés de sa résistance et » de ses ressources, voyant les sorties devenir plus » fréquentes et plus meurtrières, leur armée dé- » périr chaque jour, prirent enfin le parti de se » retirer (3).

---

(1) C'est-à-dire du territoire de Guerande.

(2) Cette rivière n'est pas la Loire, mais l'Erdre.

(3) Le duc, pour conserver la mémoire de ce fait d'armes qui honore les Guerandais, ordonna que la porte de Sauvetout de Nantes, qui n'existe plus, prendrait le nom de porte de Guerande, et qu'elle serait décorée des armes de cette ville.

Le duc d'Orléans et le prince d'Orange furent faits prisonniers dans une bataille qui se donna près du village d'Orange. Le duc d'Orléans avait été reconnu à une écrevisse qu'il portait sur ses armes (1). Cette guerre finit comme toutes les autres par un traité, qui fut signé au Verger. Un des principaux articles portait que le duc ne marierait point ses filles, sans l'aveu et consentement du roi. Anne, l'aînée, était alors recherchée en mariage par le duc d'Orléans, le seigneur d'Albret et le roi des Romains. Le duc mourut à Couëron le 9 septembre 1488. Son tombeau en marbre, chef-d'œuvre de Michel Columb, sculpteur breton, est placé dans la cathédrale de Nantes.

Anne.

Cette princesse n'était âgée que d'onze ou douze ans, lorsque le duc, son père, mourut. Nantes était désolé par la peste. Elle se retira à Guerande dont elle trouvait le séjour agréable. Les preuves de fidélité que cette ville avait données à François II, justifiaient d'ailleurs sa prédilection. Les ambassadeurs du roi de France vinrent la complimenter à l'occasion de la perte qu'elle avait faite. Ils l'invitèrent, de la part de leur souverain, à ne point prendre le titre de duchesse avant

(1) Singulière devise pour un guerrier.

que ses droits fussent reconnus. Anne répondit qu'elle s'en tiendrait au dernier traité. Mais bientôt elle se trouva en butte à deux factions, qui rendirent les commencemens de son régne aussi désastreux que la funeste querelle entre Jean de Montfort et Charles de Blois. Le maréchal de Rieux tourna contre sa pupille des armes que l'honneur lui ordonnait de consacrer à sa défense. Il prétendait disposer de sa main en faveur d'Albret, petit vieillard, laid et difforme, pour lequel Anne avait tant d'aversion, qu'elle dit *qu'elle préférerait se faire religieuse que de l'avoir pour époux*. Le roi de France voulait s'emparer de la Bretagne, en réclamant le titre de Garde-Noble et tuteur de la duchesse. Dunois, dont le nom seul est un éloge, et le chancelier de Montauban, restèrent fidèles à l'intéressante princesse, digne par son courage héroïque, ses vertus et ses lumières d'avoir de pareils soutiens. On commença par traiter avec le roi d'Angleterre, ressource ordinaire dans les cas embarrassans. Henri VII, quoique lié avec le roi de France, ne manqua pas de promettre des troupes. Il fallait combattre des Français ; ce motif légitimait tout. La duchesse se trouvait à Redon, lorsqu'elle reçut une députation de la ville de Rennes, qui venait la prier de se confier au zèle de ses habitans. Anne y consentit ; elle y fut reçue avec une pompe, une magnificence et des démonstrations de fidélité et d'attachement, qui contrastaient avec la position dans laquelle elle s'était vue quelques heures auparavant. La jeune duchesse retourna quelques jours après à Redon ; ensuite elle voulut se faire reconnaître à Nantes. Elle resta pendant quinze jours dans un des faubourgs de cette ville, où elle ne pouvait entrer qu'en acceptant les conditions du maréchal de Rieux, qui l'eût infailliblement livrée au seigneur d'Albret. La duchesse se dirigea sur Vannes, et Rieux se rendit à Guerande, où il s'efforça en vain de persuader, afin qu'on arrêtât la princesse, que Dunois et le chancelier voulaient la livrer au roi. Henri, qu'elle appelait son bon père et qui la nommait sa bonne fille, lui envoya d'Angleterre des secours qui lui furent d'une grande utilité. Dans la suite, ce prince, à qui le maréchal de Rieux fit entendre qu'il était intéressé à ce que la duchesse épousât Albret, recommanda aux anglais qu'il avait envoyés, de faire en sorte que la princesse fut remise au maréchal ; Anne eût le bonheur d'éviter le piége. Le chancelier et le trésorier, qui étaient venus à Guerande pour les affaires de la duchesse, y furent assiégés, mais ils se virent délivrés par des troupes qu'elle avait envoyées. Les assiégeans perdirent beaucoup de monde, et trois des principaux prisonniers eurent la tête tranchée sur les remparts de la ville. Anne ne pardonna jamais ce siége au maréchal, quoiqu'elle ait affecté de le faire par lettres patentes, et en récompensant Rieux comme un de ses plus zélés serviteurs. Maximilien d'Autriche, qui venait de conclure un traité avec le Roi de France, avait eu soin d'y comprendre la fille de François II. Cet événement fit concevoir à la duchesse un peu d'espérance; elle était aimée de ce prince qui briguait son alliance; de l'avis de son conseil, Anne se décida à lui donner sa main, et Maximilien épousa la jeune duchesse par procureur. Le principal ambassadeur, le comte de Nassau, mit une jambe dans le lit nuptial où elle était couchée; elle prit même le titre de Reine des Romains, et Maximilien ajouta au sien celui de Duc de Bretagne. Ce mariage fut négocié avec de si grandes précautions, qu'il ne fut su à la cour de France qu'après avoir été terminé. Si Maximilien éprouva une grande joie de cette alliance, le seigneur d'Albret en conçut tant de dépit, qu'il livra Nantes aux Français; mais la fortune, qui se joue des desseins des hommes, ne réservait ni au Roi des Romains, ni au seigneur d'Albret la possession de la duchesse et de ses Etats: Charles VIII, que la princesse comprenait dans la haine qu'elle portait aux Français, était l'époux qui lui était destiné. On remontra à ce prince que l'union de Maximilien et d'Anne était nuisible à la France, parce que le Roi des

Romains, héritier présomptif de la couronne impériale, réunissant la Bretagne à ses vastes Etats, tiendrait le royaume dans une espèce de dépendance : on résolut de lui faire épouser Anne. Le maréchal de Rieux, outré de la trahison d'Albret, obtint sa grâce de la duchesse, dont le conseil favorisait les desseins du roi. On vit alors un grand exemple de ce que peut sur de belles ames le sentiment de la reconnaissance. Le duc d'Orléans, qui aimait la duchesse, ayant obtenu sa liberté du Roi de France, vint lui-même la supplier de se rendre aux vœux de Charles. Anne, qui ne haïssait point le duc, se résigna : l'intérêt de son peuple vainquit sa répugnance, et, après des négociations conduites avec art, le mariage du Roi fut célébré à Langeais, et la Bretagne réunie à la France (1). Un accident termina la carrière de Charles VIII à l'âge de 27 ans. La duchesse témoigna une grande douleur de sa perte. Le 13 décembre 1492, elle épousa en secondes noces ce même duc d'Orléans, Louis XII, père du peuple, qui répudia Jeanne de France pour s'unir à la veuve de Charles.

Anne mourut au château de Blois, le 9 jan-

(1) Voltaire s'est trompé lorsqu'il a écrit, tome XIII, page 393 de l'ouvrage cité, que Charles VIII força le vieux duc (François II) à lui donner sa fille et ses Etats. Lorsque le duc de Bretagne vivait, Charles ne pensait guères à épouser la princesse Anne.

vier 1514. Le prêtre, qui déclama son oraison funèbre, eut soin de faire remonter son origine jusqu'au siége de Troyes; c'était la manie du siècle. Avait-elle besoin d'éloge, cette princesse qui avait su graver le sien dans le cœur des Français et des Bretons. Encore aujourd'hui, son nom qui rappelle de si nobles souvenirs, ne se prononce qu'avec respect. Elle fit au bonheur de son peuple le sacrifice de l'amour qu'elle ressentait pour Maximilien.

« Anne de Bretagne, née à Nantes en 1476, » joignait, dit M. Kerdanet, à une physionomie » séduisante, un cœur sensible et généreux, un » esprit vif et délicat, orné de mille connais- » sances. Elle entendait presque toutes les langues » de l'Europe : le titre d'homme de lettres était » une recommandation auprès d'elle. Les mémoires » qu'elles a composés, nous peignent toute la » beauté de son ame et toute l'étendue de son » génie. Dans un siècle d'ignorance, il était beau » de voir une princesse s'élever au-dessus de son » siècle et vouloir ramener les tems heureux » d'Athènes et de Rome. »

L'abbé Irail et le tems ont prouvé que la réunion de la Bretagne à la France avait été avantageuse aux deux Etats. La nation Bretonne, voyant ses priviléges respectés avec un soin presque religieux, ne s'apperçut qu'à la tranquillité dont elle jouissait, qu'elle avait cessé d'obéir à ses ducs : confondue avec les Français, elle ne laissa point de conserver quelque chose de son caractère primitif; trois siècles n'en ont pas effacé toutes les nuances. Les Bretons ont reporté à nos rois l'attachement qu'ils avaient voué à leurs premiers souverains, et leur fidélité qui s'est rarement démentie, est une grande preuve de la loyauté qui les distingue.

Une analyse des principaux faits postérieurs à cette réunion nous jetterait loin de notre but. Nous terminerons cette partie de notre travail, par une narration succincte des événemens relatifs à Guerande et à ses environs, jusqu'à l'année 1815.

Le 4 mai 1557, on apprend à Guerande, au milieu de la nuit, qu'une escadre espagnole composée de 12 petits vaisseaux, avait abordé près de Chefmoulin, à 15 kilomètres de la ville. Les soldats qu'elle avait débarqués se livraient aux plus horribles excès. Des tourbillons de flammes et de fumée qui s'élevaient des villages voisins de la mer, la population qui cherchait par la fuite à éviter les fureurs de ces brigands, montrèrent aux Guerandais la conduite qu'ils avaient à tenir. On court aux armes; de Chavaignes, sénéchal de Guerande, profite de l'enthousiasme général, trois cents bourgeois (nous l'avons remarqué, ce nombre est heureux), se rangent en bataille sous ses ordres. En peu d'heures l'ennemi est chassé, et un butin considérable devient le prix de la victoire.

Un siècle après la mort de François II, le roi de Navarre conçut le projet de se rendre maître de l'embouchure de la Loire et de celle de la Vilaine. Il s'avança pour surprendre Saint-Nazaire, comptant arriver ensuite à Guerande, où il s'était ménagé des intelligences, et de là marcher sur le Croisic. Son but était d'établir des postes sur les marais salans, pour assurer la perception d'un droit qu'il se proposait de mettre sur le sel; mais la bonne contenance des troupes chargées de défendre Saint-Nazaire, dérangea les calculs du navarrais; il alla faire le siége de Beauvoir, où il faillit perdre la vie.

Si l'histoire servait à corriger les hommes, on mettrait aujourd'hui les guerres civiles au rang des folies qui ont troublé le repos des peuples nos prédécesseurs; mais l'impression que font sur notre esprit les grands tableaux qu'elle déroule à nos yeux, quelque forte qu'elle soit, n'est jamais à l'épreuve des passions humaines.

Pour agir en conséquence de cet axiome, il faudrait couvrir d'un voile ces funestes égaremens. C'est ce que nous nous proposons de faire, au moins en partie, et si nous pouvons dire avec *Fontenelle*, que nous avons les mains pleines de vérités, nous répéterons avec *Varron*, qu'il y a des vérités qu'il est utile de laisser ignorer.

Ah ! l'homme assez insensé pour déchirer sa patrie, jeterait loin de lui ses armes, s'il pensait que ce sont des frères, des amis qu'il va combattre ; avec Agamemnon il s'écrierait :

Quels lauriers me plairont de leur sang arrosés.

Depuis l'époque de la ligue (1), d'odieuse mémoire, Guerande a soutenu deux siéges, l'un en 1793, l'autre en 1815.

On aurait tort de s'attendre à trouver ici les noms de ceux qui, dans les deux partis, ont commis quelques excès. C'est l'histoire de Guerande et non celle des passions et des haines que j'ai taché d'esquisser. Il est difficile de passer au travers des révolutions, sans dévier un moment de la bonne route. Les torrens ne sont point navigables, ils entraînent.

Une longue expérience nous apprend que ces tristes restes de la féodalité, ces antiques murailles dont quelques petites villes de l'intérieur sont encore si fières, loin de protéger les citoyens, servent au contraire de foyers aux discordes civiles, et deviennent ainsi la source des plus grandes calamités. Deux exemples, puisés dans les Annales de Guerande, seront un hommage à cette vérité.

---

(1) La guerre de la ligue en Bretagne, eut pour prétexte le zèle pour la religion catholique, et pour motif l'ambition du duc de Mercœur, qui aspirait à la souveraineté du duché.

Le 18 mars 1793, au milieu d'une nuit orageuse, la garnison composée d'une cinquantaine d'habitans et de quelques gardes nationales du Croisic, appelés par le district, se vit assiégée par les royalistes de la rive gauche de la Loire, maîtres de Savenai et de la Roche-Bernard. Ces hommes, au nombre de 7 à 8 mille, ennemis d'une république, élevée sur les débris du trône de France, arrosé du sang de l'infortuné Louis XVI, avaient levé l'étendard de la révolte, et résolu de s'emparer d'une ville qui leur offrait des ressources et un point de ralliement. D'un autre côté, l'honneur et la crainte des vengeances républicaines imposaient aux habitans l'obligation de défendre la place. Les assiégeans avaient enlevé à Pinchâteau une pièce de canon dont ils se servirent dans l'attaque. Ils pressaient tellement le siége qu'on en vint à des pourparlers; mais, tandis qu'on délibérait au château sur la nécessité de se rendre, les royalistes entraient par la porte de Saillé qui leur fut ouverte; ils s'emparèrent de la ville; deux personnes périrent victimes de cet événement. Huit jours après, le général Besser, arrivé de Lorient avec quatre cents hommes, occupa Guerande évacué par l'armée royale.

Le siége soutenu par cette ville, le 7 juillet 1815, a plus d'un trait de ressemblance avec celui de 93, quoiqu'il y ait eu de grandes différences dans les résultats. La ville, défendue par un faible détachement de troupes de ligne, manquant de munitions de guerre, allait céder aux efforts des royalistes, lorsque ceux-ci reçurent l'ordre d'abandonner l'entreprise. De part et d'autre, il y eut des morts et des blessés dans l'attaque qui dura quelques heures. La perte des assiégeans a dû nécessairement être plus considérable, parce que la garnison, à l'abri des remparts, pouvait presqu'impunément faire un feu meurtrier sur les royalistes qui s'avançaient sans être couverts ni par des fossés ni par des retranchemens.

La retraite de l'armée royale a été justifiée par l'événement; n'eût-elle fait qu'empêcher l'effusion du sang, on devrait encore l'approuver. Quelques compagnies d'infanterie de l'ex-jeune Garde étaient sorties de Nantes à la hâte, pour venir au secours de Guerande; elles arrivèrent dans cette ville le lendemain de l'attaque. L'esprit qui animait ces troupes ne permet pas de douter qu'une affaire très-chaude n'eut été la suite de la rencontre des militaires des deux partis, et nous aurions aujourd'hui à déplorer la perte de plus d'un brave.

En quo discordia cives
Perduxit miseros!

L'impartialité dont nous nous sommes fait une loi, a rendu moins pénible la tâche que nous avons prise. Rendons justice aux assiégeans et aux assiégés : si la ville a été attaquée avec intrépidité, elle a été défendue avec vigueur. Faisons des vœux pour que, sous la dynastie des Bourbons, des siècles passent sans que notre patrie soit affligée par de semblables calamités.

DES MARAIS SALANS.

J'habitais, en 1813, un joli bourg situé au pied des Pyrenées (1), célèbre par la pureté de l'air qu'on y respire, par l'efficacité de ses eaux thermales et par les tableaux imposans et variés que la nature déploie aux yeux du voyageur. Le mois qui ramène les fleurs est celui que choisissent les malades et les poètes pour visiter Bagnères, ses montagnes et le temple du dieu d'Epidaure. Un jeune toulousain, enfant chéri des Muses, vint chercher en ces lieux la santé, avec laquelle, depuis long-tems, il avait fait divorce. Il fut assez heureux pour l'y trouver, et, par reconnaissance, il en consacra les prémices à chanter ces eaux salutaires, qui devinrent, pour lui, la fontaine de Jouvence et les sources d'Hypocrène. Je ne tardai pas à me lier étroitement avec le jeune B****. Une fortune médiocre pour un ambitieux, mais immense pour un poète, lui permettait de consacrer tout son tems à l'étude. Il me proposa souvent de partager avec lui ce qu'il appelait son opulence, je refusais avec une constance qui le dépitait sans le décourager. Enfin, j'allais peut-être céder à ses instances, lorsque je fus appelé à des fonctions qui m'obligèrent à quitter Bagnères et

(1) Bagnères-de-Luchon.

mon ami. Un commerce de lettres s'établit entre nous : c'est de cette correspondance que je vais extraire ce qui est relatif à la contrée que j'habite aujourd'hui.

Arrivé à Nantes, j'appris que je pouvais me rendre à Careil, par terre, ou par eau en suivant la Loire jusqu'à son embouchure. Depuis Orléans, j'admirais ce beau fleuve, et j'étais curieux de savoir si, à la fin de sa carrière, il ne démentirait point sa brillante réputation. Je m'embarquai sur une barge ; c'est un petit bateau à fond plat, dont la poupe et la proue forment un angle aigu. La voilure, qui n'est point proportionnée à la résistance de la coque, rend cette navigation dangereuse ; mais le vent était favorable, en quelques heures nous arrivâmes au Pouliguen, petit port à cinq kilomètres de Guerande. La douceur de la température m'engagea à faire une promenade, qu'un beau clair de Lune me promettait de favoriser. Je me dirigeai vers le nord, et bientôt je me trouvai dans une position toute nouvelle pour moi. Je n'avais jamais vu ces marais salans qui m'entouraient. Une légère éminence, couverte de pelouse, se présente à mes yeux. Je la gravis sans peine. Concevez, Cléon, qu'elle dut être ma surprise à l'aspect de ces retranchemens, de ces fossés qu'on appelle des salines. L'imagination encore empreinte des belles descriptions de César, dont je venais de relire les commentaires, je me crus transporté au milieu d'un camp naval (1). Je voyais des milliers de tentes de toutes les formes, de toutes les dimensions ; les unes, d'une blancheur éblouissante (c'était le sel nouvellement recueilli), les autres, d'une teinte grisâtre. Dans le lointain, des feux placés à des distances inégales, ajoutaient à l'illusion. Vous saurez que l'antique usage d'allumer ces feux, la veille de la Saint-Jean, existe ici comme dans les Pyrénées. J'entendais, non loin de moi, bruire la mer, dont la lune argentait la surface. Jamais je n'avais joui d'une plus douce émotion. L'air était parfumé d'une odeur de violette qu'exhale le sel qui vient de se former. Le silence qui régnait dans ces lieux, prolongea mes rêveries bien avant dans la nuit, et je ne sais combien elles auraient duré, si l'obscurité et la fraîcheur ne m'eussent tiré de l'extase où j'étais plongé. Je m'occupai, dès ce moment, à recueillir quelques renseignemens sur ce pays, et je vous les adresse.

Il serait difficile d'assigner une époque à la création des nombreuses salines qui sont la richesse de cette contrée ; et, quand on pourrait le faire,

(1) *Castra nautica.* Ce camp, près de la mer, servait de retraite et de défense aux vaisseaux. Les Grecs, ensuite les Romains, en firent souvent usage.

cette découverte ne serait pas encore d'une utilité bien réelle (1).

Il n'y a point de rivage que le temps n'ait éloigné ou rapproché de la mer. Vérité incontestable ! Il est certain que cette langue de terre où l'on voit aujourd'hui le Croisic, le Pouliguen, Batz, Kervalet, Trégaté, Roffiat ne faisait pas autrefois partie du continent. Cette parcelle du globe a porté le nom d'île de Batz. La mer ne cessa pas tout-à-coup de baigner la surface où sont placés les marais salans ; elle effectua sa retraite avec lenteur, en laissant chaque année à découvert une portion de terrain plus ou moins considérable. L'industrie a fait le reste. S'il était nécessaire de citer un nouvel exemple de ce phénomène, je dirais que c'est ainsi que s'opéra la réunion des îles de Gorée et d'Ower-Flacké, situées à l'embouchure supérieure de la Meuse. Ces îles, séparées encore en 1759, sont jointes aujourd'hui et n'en forment qu'une seule. Le village de Stellendam est

---

(1) J'ai sous les yeux la *statistique de la Loire-Inférieure*, an XI. L'auteur de cet ouvrage précieux sous tant de rapport, dit qu'en 1575 toutes les salines du comté nantais gissaient sur la côte du sud. Cette assertion est fausse. Loriot et Aubert, députés du commerce de Nantes en 1557, se plaiguirent au Roi de ce que, *à raison des devoirs, subsides et subjections, il n'arrivait plus que cinq à six mille vaisseaux amenant du sel de la baie de Bourgneuf et de Guerande.* Ce qui prouve, qu'à cette époque, on faisait beaucoup de sel sur la côte du nord.

un monument élevé en l'honneur de cette conquête faite sur l'Océan.

La mer n'abandonnait, pour ainsi dire, qu'à regret la plage qu'elle avait jadis arrosée, et, dans les grandes marées, elle la couvrait encore. Souvent, l'action du soleil brûlant de l'été favorisait l'évaporation des eaux déposées sur des plans glaiseux, et le sel cristallisé se ramassait alors sans peine. L'art a perfectionné cette opération de la nature. Les rochers de Piriac, battus par les vagues pendant les mois de juin, juillet, août, et même les sables se couvrent d'une légère couche de ce minéral. C'est à peu près de cette manière qu'on le recueille dans les salines de l'Avranchin.

Les côtes couvertes de caillous, ne présentent pas les mêmes resultats, parce que le mouvement continuel des galets détruit les dépôts que la mer pourrait y former.

Les premiers possesseurs de marais salans étaient des moines, et les premiers cultivateurs, des Saxons. Les moines ont disparu, et la race des Saxons s'est conservée presque sans mélange. C'est à cette classe laborieuse que nous sommes redevables de la culture des salines.

Le sel commun, appelé en chimie *muriate de soude*, et en minéralogie *soude muriatée*, a, pour caractère le plus marqué, cette saveur indiquée par un mot emprunté de son nom vulgaire. Les cristaux de celui qu'on retire de la mer sont ordinairement des cubes ; la cassure en est vitreuse et presque toujours lamelleuse. Il décrépite lorsqu'on le jette sur des charbons ardens. Cent kil. de ce minéral donnent 50 kil. de soude, 33 d'acide muriatique et 17 d'eau. Le produit de 100 kil. d'eau de mer varie de 3 à 4 kil., la quantité de sel qu'elle tient en dissolution n'étant pas la même dans toute son étendue.

Fabrication du Sel Marin.

On appelle Saline une étendue de terre compacte, disposée pour la cristallisation du sel. La figure et les dimensions des salines du territoire de Guerande paraissent si variées, qu'il serait presqu'impossible d'en trouver deux parfaitement semblables.

Les accessoires ou dépendances d'une saline sont la Vasière, premier bassin qui reçoit immédiatement et retient l'eau de la mer, promenée par des étiers sinueux sur la surface des marais salans, et le second réservoir se nomme les Cobiers (1). C'est un espace de terrein, dont les extrémités sont ordinairement inclinées en sens contraires, comme celles des salines. Une ou plusieurs lignes droites les partagent souvent dans toute leur longueur. Ces

(1) Ce bassin, quoique très-utile, n'est pas indispensable. Beaucoup de salines n'ont point de Cobiers.

cloisons, hautes de 10 à 15 centimètres, sont larges de 25 à 30. La destination de ce bassin est, en faisant faire à l'eau de longs circuits, de faciliter la précipitation du sel, qu'elle tient en dissolution.

Des conduits, ménagés dans l'épaisseur des digues qui séparent les Cobiers de la saline, portent à cette dernière le liquide dont elle a besoin. Ces digues (1), dont la largeur n'est pas déterminée, sont élevées d'un mètre à un mètre et demi. Une plus grande hauteur empêcherait, sur la surface du marais, l'action des vents, qui opère en partie l'évaporation. Les rayons du soleil brûlant de l'été sont l'autre agent que la nature emploie.

Un canal étroit, profond de 15 centimètres, longe, dans l'intérieur de la saline, les sinuosités des Bossis. Il dépose ensuite les eaux des Cobiers sur des plans supérieurs et inférieurs, divisés en carrés appelés *fares*. Une solution de continuité, ménagée dans les compartimens, est fermée par de petites planches verticalement placées, qui laissent au paludier la facilité de retenir les eaux nourrices, ou de les répandre sur les bassins évaporatoires, qui occupent le centre de la saline, parce qu'ils ont besoin d'être exposés au contact du vent. Il est

(1) Leur nom est Bossis. Elles servent encore à recevoir le sel recueilli. La dénomination de trémés est appliquée aux lieux qu'occupent les mulons.

probable que le nom d'œillet leur a été donné à cause de la forme à-peu-près elliptique du petit plateau qui reçoit le sel nouvellement cristallisé, jusqu'à ce qu'il soit *amulonné*; la longueur ordinaire d'un œillet de marais est de 10 mètres sur 7 de largeur, ce qui forme une superficie de 70 mètres. Il est difficile de déterminer l'étendue des accessoires d'un de ces bassins; la fixer à six perches ce n'est pas s'éloigner beaucoup de la vérité. On conçoit que le nombre des œillets dépend de la surface de la saline.

Je viens de vous donner, Cléon, une idée de la disposition d'un marais. Les opérations du *Salange* ne sont pas compliquées. Pendant l'hiver, cobiers, vasières, salines, tout est couvert d'eau. On ne peut distinguer ni cloison ni œillets. Cette submersion est nécessaire. Elle prévient les dégradations que le hâle et les gelées produiraient sur un terrein naturellement disposé à se *crevasser*. Vers la fin d'avril, le paludier fait écouler ces eaux pluviales, par un coëf pratiqué à l'extrémité du marais salant, dont il corroye fortement le sol, afin d'empêcher la filtration. L'onde amère se prépare, s'échauffe en parcourant les sinuosités des canaux nourriciers et les fares. Lorsque le paludier reconnaît qu'elle réunit les qualités propres à la cristallisation, il l'introduit dans le bassin d'évaporation, à la hauteur de 7 centimètres. Un ciel clair, de la chaleur et des vents est ou nord-est, la convertissent en sel marin. Le premier qu'on recueille à la surface, où il forme une croûte, est en petits cristaux très-blancs. En se précipitant, leur volume s'augmente des autres particules salées qu'ils rencontrent, alors ils déposent le *gros sel*, dont la teinte grisâtre est produite par la vase du fond du bassin. Ordinairement on prend le sel tous les deux jours. On le laisse quarante-huit heures sur le petit plateau de l'œillet où il s'égoute. Il est transporté, par des femmes, sur les trémés. On a soin de remplacer le minéral enlevé par les eaux mères ou nourrices. La première année, le déchet est d'un cinquième; au bout de trois ans il a augmenté d'un quart. La cause de cette diminution n'est point *attribuable* à la température atmosphérique, puisque le mulon est recouvert d'une couche épaisse de glaise, qui le garantit du contact de l'air, c'est la fusion des sels à base terreuse qui la produit.

Les paludiers disent que les marais salans *échaudent*, lorsqu'ils cessent tout-à-coup, par les grandes chaleurs, de produire du sel (1). Il suffit, pour remédier à cet inconvénient, de vider le marais et d'en renouveler l'eau.

---

(1) M. Cavoleau explique ainsi ce phénomène : « Lorsqu'une évapo-» ration suffisante a fait cristalliser le muriate de soude, dissous dans l'eau » que contient le bassin évaporatoire, on le retire et l'on ajoute de nou-» velle eau; mais, ce qui restait de la première demeure dans le bassin. » Une seconde cristallisation est suivie du même procédé; et chaque jour

Celui qui arrête son attention sur une saline, est porté à croire, en voyant la régularité des cloisons, leur parfait alignement, l'exacte disposition des plans, que les instrumens d'un cultivateur sont la règle, le compas, le niveau, etc. C'est une erreur; rien de plus simple que les ustensiles d'exploitation. Une planche longue de 50 centimètres, large de 15, à laquelle on adapte un manche, sert à recueillir le sel. On l'appelle Lace; une boguette ou pelle concave; une lousse ou pelle plate, voilà ce qui est nécessaire au cultivateur des marais. Un coup-d'œil juste supplée tout le reste.

Produit des Salines.

La récolte du sel, en 1818, a été abondante. Elle était *activée* par le concours de toutes les cir-

---

» les eaux mères restent mêlées avec la nouvelle eau qu'on introduit. La » quantité en augmente donc progressivement, et au bout d'un mois » leur saveur est même plus salée. Il doit donc paraître étonnant qu'elles » ne produisent presque plus de muriate de soude, au moment où elles » paraissent en contenir le plus. Mais l'on ne sait pas que l'eau de mer, » indépendamment du muriate de soude, tient en dissolution du sulfate » de soude, du sulfate et du muriate de magnésie, et peut-être encore » du muriate de chaux. Tous ces sels sont déliquescens, et ne cristallisent » pas avec le sel marin. L'on introduit donc, chaque jour, dans le bassin » évaporatoire, une quantité proportionnellement moins considérable de » ce dernier sel, et, chaque jour, la proportion des sels déliquescens » augmente. Ils deviennent à la fin si abondans, qu'ils s'opposent à la » cristallisation de la petite quantité de muriate de soude qui entre dans » le bassin évaporatoire. »

constances favorables. En prenant un terme moyen, on trouve que chaque œillet a produit 20 doubles hectolitres, c'est-à-dire un muid, pesant environ 3000 kilogrammes. La partie du territoire de Guerande, connue sous le nom de Marais du Nord, qui s'étend sur les bords de la mer, depuis Porniche jusqu'à Pont-d'Armes, contient 36,000 œillets qui ont fourni ensemble 108,000,000 de kilogrammes de sel. Année commune, on peut fixer à 15 doubles hectolitres la récolte d'un œillet. Ces propriétés se divisent en trois classes. Le fond d'un œillet de la première classe valait autrefois 450 fr.[1], et 300 fr. celui de dernière. Aujourd'hui, ces prix sont 250 et 150 francs.

Compte figuratif du produit d'un œillet en 1818.

	f.	c.
Le prix d'un muid de sel était, lors de la récolte, de	22	00
A déduire : frais de conduite	5	00
Reste............	17	00
—— le quart au paludier cultivateur.	4	25
Reste brut au propriétaire..	12	75
—— frais de chaussage et réparat.[us]	1	00
Reste............	11	75
—— contribution foncière, taux moyen....................	2	50
Reste net au propriétaire.	9	25

Sept mille individus travaillent à l'exploitation des marais. On nomme paludiers (1) ceux qui n'ont que cette occupation ; les autres sont appelés sauniers. Ils vivent aussi du faible bénéfice que leur procure le transport, à dos de mulets, des sels à l'intérieur.

Des bureaux de douanes (2), établis dans le voisinage des marais, perçoivent l'impôt fixé à trois décimes par kilogramme.

Malgré les objections de quelques personnes, qui voient des armées de douaniers et n'apperçoivent pas des armées de fraudeurs, je dis qu'un petit nombre de préposés, proportionnellement à l'étendue de terrain à garder, veillent à ce que le trésor ne soit point frustré des droits qui lui sont dus, par l'enlèvement illicite des sels.

La surveillance générale de ce riche territoire est confiée à un inspecteur de l'administration des douanes, qui réside à Guerande. Son activité, sa vigilance, secondées par le zèle des employés sous ses ordres, ont porté à la fraude un coup presque mortel.

On voit, par le mémoire des habitans de Guerande, que 49,463,372 kil. de sel ont été extraits

---

(2) De *palus*, marais.

(2) Le Croisic, Guerande, le Pouliguen, Careil, Mesquer, Pont-d'Armes et Pornichet ont des bureaux de première ligne. La Roche-Bernard, Herbignac, Méans, Tréhiguier, Lille, Vieille-Roche-en-Nantes, sont le siége de bureaux secondaires, qui contrôlent les opérations des premiers.

de son territoire en 1816. J'ai choisi cette année, parce qu'elle tient le milieu entre les bonnes et les mauvaises. Voici le détail de ces expéditions :

CONSOMMATION INTÉRIEURE.

Transport maritime.

Le Croisic	23,770,647 kil.
Pouliguen	7,632,552
Mesquer	7,814,343
Portnichet	717,667
Transport par terre	4,005,993
PÊCHE NATIONALE.	
Le Croisic	784,775
Pouliguen	568,856
TRANSPORT A L'ÉTRANGER.	
Croisic	4,168,539
	49,463,372 kil.

PALUDIERS.

Les habitans de la paroisse de Batz, autrefois séparée du continent, descendent d'une colonie saxonne. Quoique le type originel se soit beaucoup altéré, surtout depuis la révolution, ils ressemblent encore aujourd'hui si peu aux campagnards des autres contrées de la France ; les traits qui les différencient sont si caractérisés, que cette classe d'hommes mérite une mention particulière.

La commune de Batz est, sans contredit, une des plus salubres du département. On sait quelle influence la pureté de l'air exerce sur l'économie animale. La première chose qu'on observe, en parcourant le bourg et les nombreux villages qui en dépendent, c'est le genre de construction des édifices privés. Le chaume en est proscrit : les maisons bâties en pierre, couvertes en ardoise, n'ont jamais plus d'un étage. Elles sont ornées de fenêtres hautes, vitrées et quelquefois peintes. Je dis elles sont ornées, parce qu'elles contrastent avec les huttes de nos paysans, qui reçoivent le jour et l'air par d'étroits soupiraux, dont souvent encore elles sont dépourvues. L'intérieur en est commodément distribué; une propreté hollandaise en fait la décoration; mais les paludiers ont sur cette nation un grand avantage, car cette propreté se retrouve sur leurs vêtemens. La nourriture, l'ameublement sont tels qu'ils étaient il y a trois siècles, simples et formés des mêmes objets pour toutes les familles. Il en est ainsi du costume; en changer la longueur, la couleur ou la forme, serait une innovation, dont le ridicule ferait prompte justice. M. Huet le décrit en ces termes : « Les femmes portent des coiffes à fond étroit et plissé, dont les pans s'attachent sous le menton et pendent alors sur la poitrine ou flottent sur les épaules. Elles séparent et tressent leurs cheveux sur le front avec un cordon plat, appelé seraut. Un collet en dentelles, un fichu plissé, une robe blanche à manches larges, violettes ou rouges, et dont le corset se lace avec un ruban croisé, à quatre ou cinq rangs; un jupon noir ou violet, bordé en velours; une livrée (1), des bas rouges à fourchettes de couleur. Voilà l'habillement (de cérémonie) d'une femme du bourg de Batz.

» Un haut de chausses, ample et plissé, deux ou trois gilets blancs, bleus, à bandes vertes, placés par étages, de manière qu'ils paraissent tous; une chemisette de toile, une chemise à rabat, un chapeau rond à bords larges peu relevés, voilà l'habillement des hommes. »

Lorsqu'ils assistent à quelques cérémonies funèbres, ils se couvrent d'un manteau noir; les femmes portent une espèce de demi-mante en laine, revêtue extérieurement d'une toison très-longue et très-fournie.

Les hommes n'ont aucun habillement de deuil; le chapeau rabattu sur le front est la seule marque qui l'indique.

Le comté Nantais abandonna le premier, en Bre-

(1) La livrée est une ceinture qui se noue sur la taille; elle doit être, comme le lacet, d'un ruban de soie à fleurs d'or ou d'argent, et de trois ou quatre doigts de large.

tagne, le langage celtique, ou mieux l'armoricain (1) pour le français. Le *breton*, qui fait encore les délices des habitans de la Basse-Bretagne, où il est conservé avec un respect religieux, n'a pas été oublié par ceux de Batz, parce qu'il facilite leur commerce de sel avec le Morbihan, Brest et autres lieux sur la rive droite de la Vilaine. Les paludiers ont un accent désagréable, ils sont laconiques, et leur prononciation a quelque chose de cette rudesse qu'on reproche aux peuples du Nord. Il était honteux chez les Grecs de ne pas savoir la musique; ignorer l'art d'écrire et de calculer est ici un opprobre, aussi la commune de Batz, malgré sa pauvreté, a-t-elle joui, la première en France, des bienfaits de l'enseignement mutuel. Cet amour de l'instruction prend sa source dans un vice qui domine ici à un très-haut degré, la défiance. Quoiqu'il en soit, on ne peut nier que les faibles lumières que les paludiers ont acquises, n'aient diminué chez eux la somme des préjugés, si forte encore ailleurs. Ils ont, en fait de civilsation, laissé bien loin derrière eux ces bas-bretons qui, sous Louis XIV, prenaient une montre pour la gabelle et une pen-

(1) Je pense avec M. de Penhouet, que la langue armoricaine était très-différente du celtique; comment, en effet, reconnaître dans le *bas-breton*, qui n'est dépourvu ni d'expression, ni d'harmonie, ce dialecte que l'empereur Julien, je crois, comparait au croassement des corbeaux.

dule pour le jubilé; qui, voyant Cassini mesurer ses triangles et travailler à son immortel ouvrage, le crurent sorcier et faillirent à lui faire chèrement payer la facilité avec laquelle il levait le plan de leur sol ingrat.

J'ai trouvé des personnes qui veulent absolument que nos paludiers n'aient formé leur esprit, *rectifié leur raison* qu'au détriment de leur probité. Il y a cinquante ans, un étranger de distinction, qui avait des marais à faire cultiver, demandait au curé de Batz auquel de ses paroissiens il fallait s'adresser pour n'être point trompé. « Jetez, dit » le pasteur, une boule dans un des villages, ou » dans le bourg que j'habite; où elle s'arrêtera, » entrez; vous trouverez un honnête homme. » Aujourd'hui, assure-t-on, l'épreuve serait douteuse; est-ce bien parce qu'ils sont plus éclairés, qu'on les croit moins probes. Je ne suis pas de cet avis; n'avons-nous pas vu récemment leur probité lutter contre la faim..... Que faisaient alors ces malheureux?..... Ils mouraient! car il semble que la nature ne leur ait donné un corps robuste et une ame forte, que pour les soumettre à toutes les angoisses, à toutes les vicissitudes humaines. Une taille au-dessus de l'ordinaire, des traits bien prononcés, des formes mâles et nerveuses distinguent les paludiers de Batz des autres cultivateurs de marais. La plupart sont blonds, ce qui prouve leur origine ; mais, chez quelques individus, cette couleur a pris une teinte moins agréable. Ils ont gagné en instruction *primaire* plus qu'ils n'ont perdu en préjugés : cela est vrai. La magie, la sorcellerie, ne passent pas chez eux pour des chimères. Des revenans, des bruits sourds, des flammes nocturnes leur annoncent ce qui doit leur arriver de sinistre, et la crainte d'un maléfice leur arrache souvent une aumône, que n'aurait pu obtenir la seule indigence. Durs au travail, sobres dans leur ménage, ils sont peu communicatifs; point de gaieté folle, de ris immodérés. Leurs chants, leurs danses respirent plus la tristesse que la joie. La coutume d'épouser une femme de la paroisse, coutume établie de tems immémorial, a tellement multiplié les mêmes noms, qu'il serait impossible de les distinguer, sans le secours des sobriquets, tirés d'un vice, d'un ridicule, ou de quelqu'autre sujet. La malignité les impose, le tems les perpétue.

La population augmente tous les jours, mais les moyens de la faire subsister ne suivent pas cette progression. Jugez, Cléon, par *le revenu d'un paludier*, de l'aisance qui doit régner chez lui : si sa famille se compose de cinq individus, il peut cultiver 50 œillets marais. Il a, comme je vous l'ai dit, le quart de la récolte, c'est donc 212 fr. 50 c. pour la nourriture, l'entretien de cette famille. Si cette récolte ne se vend pas dans le cours de l'année, quelle est sa situation ?

Le Gouvernement, éclairé sur l'utilité de cette classe laborieuse, qui, faute de secours, serait obligée d'abandonner une terre qui dévore la population, a répandu ses bienfaits sur tous les paludiers du territoire de Guerande. Une ordonnance royale, rendue le 30 avril 1817, accorde à chaque individu, chef de famille, reconnu paludier ou saunier, et à ses enfans, l'extraction annuelle, en franchise des droits, de 100 kil. de sel, sous la condition expresse de rapporter une quantité de grains déterminée. Cette sage mesure a ramené une espèce d'abondance que, depuis plusieurs années, on ne connaissait plus.

Il ne faut pas croire, cependant, que le tems de calamités ait été perdu pour l'agriculture. L'industrie est fille du besoin. Les habitans de la commune de Batz ont forcé les sables de la mer à produire. Métamorphosés, par leur travail, en prairies, en *terres* labourables, le Varech, que l'Océan dépose sur le rivage, a servi à les fertiliser. Au sud, des plantations de pins maritimes ou de Corse, fixeront ces montagnes mobiles, la terreur du propriétaire. La soude d'Alicante (*salsola sativa*), semée dans les terreins sableux et argileux, qui avoisinent la mer, peut donner de bons résultats. Par ordre de Son Exc. le Ministre de l'intérieur, la graine de cette plante annuelle a été adressée aux autorités locales. On n'a plus qu'un vœu à former, c'est de voir établir au bourg de Batz même, une manufacture capable d'occuper la majeure partie de la population. Le bas prix de la main-d'œuvre ne serait pas le moindre avantage qu'un spéculateur pourrait retirer de cette utile entreprise.

GUERANDE. (1)

Les Romains, voulant contenir les Saxons établis au Croisic, et mettre un frein à leur audace, bâtirent, l'an 470 de J.-C., une forteresse qui dominait le *Littus Saxonicum* (2). Ils l'appelèrent *Grannona*, *Grannone*, qu'il faut distinguer de *Grannonum*, *Granville*. Il y aurait de la puérilité à chercher au loin l'origine de ce nom qui, probablement, lui fut donné à cause de son territoire fertile en grains, lorsque d'immenses forêts couvraient encore une grande partie des Gaules.

Cette forteresse, capable de renfermer une nombreuse garnison, n'était pas située où nous voyons aujourd'hui Guerande ; elle occupait, au contraire, le plateau élevé sur lequel on a construit des moulins, qui sont appelés *Moulins de la Place.*

---

(1) Par les 4 degrés 48 minutes 48 secondes de longitude, et par les 47 degrés 19 minutes 10 secondes de longitude. A 7 myriamètres (15 lieues 3/4 de Nantes), 10 myriamètres (22 lieues 1/2 de Rennes) et 38 myriamètres 9 kilomèt. de Paris.

(2) Rivage saxon.

Cette dénomination indique suffisamment les lieux où fut *Grannone*. Il était facile aux Romains, maîtres de ce point et de toutes les hauteurs, de surveiller les mouvemens et les descentes des Saxons. On conçoit sans peine que les excursions de ces barbares forcèrent un grand nombre d'habitans, épars et sans moyen de résistance, à chercher un refuge contre leur brigandage. Ils vinrent en foule se mettre sous la protection du fort, et bâtirent la ville de Guerande, qui, au commencement de la première race des ducs de Bretagne, était déjà une place importante. En 497, les Romains avaient encore une garnison à *Grannone*. Enfin, Louis d'Espagne la détruisit en 1342.

Plusieurs évêques, depuis Gillard, ont momentanément résidé à Guerande. Le premier fut Quiriacus, sacré en 1055. Il était frère d'Hoël, duc de Bretagne, comte de Nantes et de Cornouailles. Il demeura long-tems dans cette ville. Une suite nombreuse l'avait accompagné. *Grannone* fut alors appelée *Aula Quiriaca*, cour de Quiriacus, ou Quiriac, ou Guerek. De très-anciennes chartes la désignent ainsi. Le successeur de ce prélat n'eut pas la même prédilection pour Guerande, qui perdit sans doute le nom avec la chose, puisque, postérieurement, on qualifia encore cette ville de *Grannone*, d'où on a fait Guérande. Cette conjecture paraît plus naturelle que la supposition d'un savant antiquaire, qui en trouve l'étymologie dans *Quiriaca*, en changeant la syllabe gutturale forte *quir* en *guer*, gutturale adoucie.

Les guerres continuelles, dont la Bretagne fut si long-tems le théâtre, avant sa réunion à la France, ont souvent attiré l'ennemi sous les remparts de Guerande. L'occupation de cette place importante était l'objet des desirs de tous les combattans. Trois fois ses murailles renversées, ses édifices réduits en cendre, sa population exterminée, ont témoigné en faveur de la bravoure de ses habitans, presque toujours chargés seuls de sa défense. Les ducs employaient ensuite les courts intervalles de paix à réparer les ravages du fléau dévastateur; mais la pénurie des finances ne leur permettait pas d'y consacrer les sommes nécessaires. Les murs de Guerande contenaient d'abord 12,000 citoyens. Ce nombre, réduit à 7000, a diminué successivement, parce que toutes les fois qu'on a relevé les remparts, on a rétréci l'enceinte de la ville. Ceux qu'on voit aujourd'hui datent de 1431. Jean V les fit bâtir avec le produit des fouages (1) et des octrois. Un château, situé probablement où est le marché au bois, ajoutait à la beauté des fortifications. Il fut démoli en 1614, sur

(1) Les fouages étaient une redevance qui se payait par chaque feu. Cet impôt est représenté par la contribution mobilière.

la demande des états de Bretagne, et les fossés profonds, dont les eaux croupissantes exhalaient des vapeurs méphitiques, ont fait place à des promenades ombragées d'ormeaux.

Les remparts de Guerande, revêtus d'un parement de pierres de taille et flanqués de dix tours (1), forment une figure irrégulière, dont la circonférence est de 1434 mètres. Sa plus grande longueur, de la porte Bizienne à la tour Sainte-Anne, est de 515 mètres. On entre dans la ville par des portes placées aux points cardinaux. Une infinité de souterrains, distribués dans toutes les directions, facilitaient, lors des siéges, les communications extérieures. *Ventre saint gris*, disait Henri IV, en voyant le vieux château de Nantes, *les ducs de Bretagne n'étaient pas de petits compagnons*! La vue de Guerande n'eut pas détruit la bonne opinion que ce Français par excellence avait conçue des premiers souverains de cette province.

A l'époque où la mer baignait encore une partie des marais salans, Guerande avait un port; la navigation, quoique peu importante, ne laissait pas d'offrir à ses habitans une ressource qu'ils ont perdue. Le penchant du côteau de Cramagué était couvert de maisons : quelques ruines montrent

(1) La tour Sainte-Catherine a été détruite.

encore la place qu'elles occupaient. La perte de son port fut néanmoins peu sensible ; l'érection d'un hôtel de monnaie, la résidence d'un grand nombre d'officiers de justice, de magistrats, etc., l'en dédommagèrent (1). C'était le tems de son opulence ; des traités solennels furent jurés dans ses murs, où les ambassadeurs du roi de France vinrent y complimenter la duchesse Anne ; les états de Bretagne y tinrent leurs assemblées (2).

Aujourd'hui, Guerande est un chef-lieu de canton!... C'est la seconde ville du département, dont le maire soit à la nomination du roi. En l'an IV, elle était encore le siége d'une administration de district et d'un tribunal. *L'intrigue de quelques fonctionnaires, alors en crédit*, lui a enlevé tous ces avantages.

---

(1) Dans les tems reculés, Guerande fut le siége d'un évêché, celui d'une amirauté pour l'expédition des affaires maritimes de son territoire, et d'une prévoté, et, jusqu'à la révolution, il y a existé une communauté de ville, ayant droit de députer aux états de Bretagne ; une subdélégation, un siége royal de police ; une sénéchaussée royale, qui avait dans son ressort quatorze paroisses, dont la plus éloignée n'est qu'à quatre lieues, et soixante-treize jurisdictions, hautes, moyennes et basses justices qui relevaient en propre et arrière fiefs du roi. C'était, avec le présidial, la seule jurisdiction royale qui existât dans l'évêché de Nantes. (*Mémoire des habitans de Guerande*).

(2) Les états assemblés à Guerande, le 4 août 1625, accordèrent au roi, en don gratuit, une somme de 500,000 liv., et à la reine, celle de 150,000 liv.

Savenai, petit bourg, qui en est éloigné de 4 myriamètres, est devenu chef-lieu d'arrondissement. La nombreuse population de l'ancien territoire de Guerande, vient, dans un mémoire très-circonstancié, de réclamer contre cette usurpation. Sa demande est si juste, ses droits sont si incontestables, qu'il suffit, pour les apprécier, d'un coup d'œil jeté sur la carte.

En arrivant à Guerande, par le chemin de la Roche-Bernard, la vue se promène à droite et à gauche sur des bouquets de bois environnés d'un rideau de pins, au travers desquels on distingue quelques maisons de campagne. Il ne faut point les comparer avec ces retraites délicieuses, où le riche habitant des grandes villes a déployé son opulence; mais la simplicité, la paix, le bonheur ont choisi pour asiles ces modestes manoirs. L'aspect du côté du nord ne donne pas une haute opinion de la ville. Le silence de la solitude, ces vieilles tours, ces remparts noircis par le tems, inspirent plus de tristesse que de mélancolie. Le clocher de Saint-Aubin, seul édifice remarquable, fier de près de dix siècles d'antiquité, domine au loin sur une vaste étendue de pays, qu'il a vu si souvent changer de maîtres. Ce monument fut bâti en 857, par Salomon, meurtrier et successeur d'Eruspé. Les soldats de Louis d'Espagne ayant incendié la ville, cinq églises furent détruites. Une grande partie des citoyens s'étaient réfugiés à Saint-Aubin, avec ce qu'ils avaient de plus précieux: les vainqueurs y mirent le feu; la voûte en pierre, détériorée par les flammes, s'écroula avec un horrible fracas. Elle n'a point été relevée. Des planches, fixées sur la charpente, ont remplacé ce morceau d'architecture, qui passait pour un chef-d'œuvre.

Avant la révolution, on voyait des mîtres, des crosses sculptées sur les murailles de ce temple, et des évêques peints sur les vitraux. Une chaire épiscopale en pierre, décorée d'ornements gothiques, et pratiquée dans l'épaisseur d'un mur du frontispice, excite encore aujourd'hui l'attention des curieux, qui ne peuvent en deviner la destination. Plusieurs privilèges étaient jadis attachés à cette église. Elle ne le cédait en richesses à aucune cathédrale de France. C'était une collégiale royale avec douze chanoines. Le chapitre avait été fondé pour Gillard, évincé du siége de Nantes. Une carte, conservée dans les archives de Saint-Pierre, montre les limites de cet ancien diocèse, qui comprenait l'archidiaconé de la Mée : Saint-Aubin est aujourd'hui la seule paroisse de Guerande. Un recteur et deux vicaires la desservent (1).

---

(1) La réparation de la tour, qui offre aux navigateurs un point essentiel de reconnaissance, est depuis long-toms l'objet des réclamations de la ville et du commerce.

La plupart des citoyens d'Athènes avaient leur sépulture dans leurs maisons de campagne ou dans des quartiers qui leur étaient assignés hors des murs. Le céramique était réservé aux guerriers moissonnés dans les combats.

Les Romains enterraient leurs morts le long des chemins. *Sta viator, heroëm calcas.*

« Arrête, voyageur, tu foules un héros. »

En France, l'ancien et pernicieux usage de rendre les villes et les temples dépositaires de la dépouille mortelle des hommes, a été aboli par des lois très-sages. Cependant cette coutume subsiste encore à Guerande. Elle est d'autant plus dangereuse, que les murs qui l'entourent sont un obstacle à l'action des vents. L'intérêt public exige donc qu'on établisse un cimetière *extrà muros.*

La partie orientale de la ville ne ressemble point à celle qui lui est opposée. Considéré des *moulins de la place*, son aspect est riant, le feuillage touffu des arbres qui forment le mail égaie la teinte sombre des murs, que des terrasses plantées de chèvre-feuille semblent encore rajeunir. Dirai-je l'admiration qu'éprouve le spectateur qui, du haut de ces fortifications antiques, laisse tomber ses regards sur une plaine immense qui n'a de bornes que l'horison! Dirai-je les pensées que fait éclore le magnifique spectacle dont il jouit, les souvenirs qu'il rappelle! Non, il faut en ménager la surprise à l'étranger que ses affaires ou la curiosité conduisent à Guerande. Qu'il se garde de jeter les yeux sur l'intérieur de la ville; il verrait des jardins, des ruines où jadis s'élevaient de nombreux édifices suffisant à peine à la population.

Le costume guerandais, proprement dit, est peu favorable au sexe. Ces manches étroites dans toute leur longueur, tiennent les bras dans une continuelle et gênante captivité, qui ne tourne pas à l'avantage des Guerandaises. Ce léger inconvénient est racheté par la beauté de leur teint. La pureté de l'air ne contribue pas médiocrement à en perpétuer la fraîcheur.

On remarque à l'ouest de la route qui conduit de Guerande au Croisic, à l'extrémité du faubourg de Bizienne, les ruines d'un monastère. La révolution a renversé l'édifice et dispersé le troupeau. Le duc Jean V, de dévote mémoire, avait fondé en 1408 cette retraite pour des jacobins, qu'il dota en marais salans. Il avait établi, le jour de la Saint-Yves, une foire franche à la porte du couvent, et accordé aux moines le droit de lever les devoirs et impôts sur les vins qui s'y vendaient.

Les personnes qui ont visité ces bons pères et les religieux de Buzai, Prières et autres lieux au tems de leur prospérité, m'ont assuré que la plupart de ces pieux réclus oubliaient quelquefois, dans les plaisirs du monde, l'austérité de leur règle. Je pense qu'il n'y a que de la malignité dans cette assertion. Qui ne sait avec quel zèle les habitans de ces monastères exerçaient l'hospitalité! Rien de ce qui pouvait flatter le voyageur n'était par eux oublié. Vins exquis, chère délicate, lits mollets, tout contribuait à la satisfaction de l'hôte. Etait-ce un crime? Mais on dira que les pères partageaient ces douceurs. Ne fallait-il pas qu'ils fissent les honneurs de leur couvent? Sait-on si, après le départ de celui qu'ils avaient fêté, des mortifications, des jeûnes, des exercices pieux ne succédaient pas à ce qu'il plaît aux médisans d'appeler les joies du monde.

Les jacobins de Guerande étaient devenus, pour le chapitre, l'objet d'une sainte aversion. Elle fit en peu de tems de si rapides progrès, que les moines éperdus furent obligés de demander une sauve-garde à François I.er, successeur de Jean V. Ce prince les prit sous sa protection et enjoignit à ses officiers de défendre les jacobins contre les chanoines leurs ennemis. Les lettres du 26 juillet 1446, où cette injonction est spécifiée, sont peu honorables pour le chapitre, auquel on reprochait d'ailleurs un goût trop prononcé pour la chicane.

L'an 1646, la mère Charette, du couvent des Ursulines de Nantes, vint avec quelques autres religieuses à Guerande, où elles étaient démandées par le chapitre, pour y instruire la jeunesse. La dot de ces religieuses fut employée à acheter, sous caution du prévôt de la collégiale, une petite maison avec son enclos, appelée la porte Talon (1). A peine soupçonne-t-on aujourd'hui l'existence de ce mince édifice, le couvent neuf l'éclipse. Ainsi.... mais à quoi servirait une comparaison? Voulez-vous savoir l'origine de ce vaste bâtiment, écoutez la tradition (2).

Vers la fin du 17.e siècle, deux dames portugaises, riches et de condition, retournaient par mer dans leur patrie; elles venaient, je crois, de l'Angleterre. Un jour.... je me trompe, c'était une nuit, la tempête la plus affreuse les surprend, les vagues menacent d'engloutir le navire qui les porte, la mort se présente à leur imagination troublée, sous l'aspect le plus hideux. Que faire dans un danger si imminent? des vœux; c'est la dernière ressource des malheureux devenus le jouet de la fortune. Ces deux dames, d'un commun accord, promettent de consacrer leurs richesses à l'édification d'un couvent, et leur vie à la pénitence. Quelques momens après, le calme succède à la tempête, l'équilibre se rétablit dans l'atmosphère, et bientôt le sommeil répand ses bienfaits sur l'équipage. A peine a-t-il clos les paupières de nos voyageuses, que le même songe les occupe. Elles croyent voir

(1) Ogée.

(2) *Ubi traditio est*, dit saint Chrisostôme, *nihil aliud est quærendum*.

un esprit céleste qui leur montre le pays et le lieu où doit s'exécuter l'accomplissement de leurs voeux. Le jour commence à poindre, elles s'éveillent par les cris des matelots qui annoncent la terre, et le premier objet qui frappe les regards de ces dames, c'est le côteau de Guerande qu'elles reconnaissent simultanément, comme l'endroit que l'ange leur a désigné. Elles se font débarquer à l'instant sur cette terre promise, renoncent à leur patrie, à leurs familles, et viennent bâtir le couvent des Ursulines, qu'elles enrichissent de leurs dons.

On a choisi, pour instituer un collége, cette maison vaste, commode et bien distribuée. Chaque jour, cet utile établissement acquiert de la célébrité. La religion fait la base de l'éducation qu'on y reçoit. Quatre-vingts pensionnaires, venus de presque toutes les villes de Bretagne, et confiés aux soins d'un directeur habile, attestent par leurs progrès et la pureté de mœurs qui les distingue, les soins de ce digne principal. Une nourriture saine et abondante, un air pur et vif préservent les enfans des maladies auxquelles les expose l'absence de ces deux points essentiels. Je ne crois pas qu'il existe dans l'étendue de ce département une institution de ce genre, qui réunisse autant d'avantages. Ce collége est placé sur une éminence, au midi de la ville. Des jardins, des cours spacieuses, des promenades fermées de murs invitent les élèves à se livrer à tous les jeux de leur âge, sous la surveillance de professeurs choisis avec discernement.

Guerande a deux hôpitaux, l'un affecté aux malades, l'autre destiné aux indigens. M. de la Bouexière, ancien sénéchal de cette ville, a consacré, dans l'espace de trente-deux ans, une somme de 120,000 livres, au rétablissement de l'Hôtel-Dieu, fondé en 1650. La mémoire de ce généreux citoyen est impérissable, ses bienfaits l'ont gravée dans le cœur des pauvres. Puisse-t-il avoir des imitateurs !

S'il est vrai que le nombre des foires soit en raison inverse de l'activité du commerce, que doit-on penser de celui de Guerande, puisque quatre nouveaux établissemens de cette espèce viennent d'être ajoutés aux huit déjà existans ? Je suis loin de partager l'opinion de ceux qui prétendent que les foires sont favorables à l'industrie. Il faut peu connaître l'esprit de nos campagnards pour hasarder de semblables assertions. Quand ces assemblées n'auraient d'autre inconvénient que de faire perdre au cultivateur un tems qui serait mieux employé aux travaux de la ferme; ce motif serait suffisant pour empêcher qu'on les multipliât. Mais ne sait-on pas le préjudice qu'elles portent aux mœurs, en fournissant à ceux qui les fréquentent l'occasion de satisfaire leur penchant à l'ivrognerie. Les foires, autrefois, n'avaient pas lieu en hiver;

le mauvais état des chemins vicinaux était, sans doute, une des causes qui les avait fait proscrire dans cette saison. Aujourd'hui, ces obstacles n'ont point cessé. Chaque année, pendant trois mois, les communications entre Guerande, le bourg de Batz, le Pouliguen et plusieurs villages sont presque interrompues. Le défaut de réparations des chaussées qui traversent les marais salans, oblige les sauniers qui transportent à l'intérieur le sel du territoire, à faire une infinité de circuits pour arriver aux bureaux des douanes où les droits se perçoivent. Les bêtes de somme qui constituent leur unique bien, sont plus d'une fois, dans ces routes fangeuses, exposées à périr sous leur charge. Ce vice existera aussi long-tems que les chemins vicinaux ne seront pas rétablis. L'industrie du département de la Loire-Inférieure étant plus commerciale qu'agricole, le prélèvement des sommes applicables aux dépenses publiques devrait avoir lieu sur les impôts directs et indirects. Tel est le vœu manifesté par le conseil général, dans sa dernière assemblée. La construction d'une digue au port de la Turbale, à cinq kilomètres à l'ouest de Guerande, est aussi l'objet de ses desirs. Elle est d'une indispensable nécessité pour abriter les bateaux pêcheurs. Ce petit port en contient maintenant quarante. Avant un an ce nombre serait triplé. L'établissement, à la Turbale, de deux lamaneurs ou locmans, pour secourir les navires en danger, quand les tempêtes empêchent les bateaux de sortir du Croisic, pourrait avoir d'excellens résultats.

La plus grande partie du territoire de Guerande est fertile en grains de bonne qualité. La trop nombreuse population rend les récoltes insuffisantes. Il existe cependant à côté des prairies, des bois, des champs cultivés, une immense étendue de landes qui pourraient être facilement exploitées. C'est à l'industrie qu'il appartient de développer ce germe de prospérité. Malheureusement, de leur nature, les cultivateurs de ces contrées ne sont pas industrieux. Ils roulent dans le cercle étroit que parcouraient leurs pères. Chercher à en sortir leur parait un crime. Le manque de capitalistes, mais plus encore les inexpugnables préjugés, l'insouciance, la routine, s'opposent au défrichement. Tant que ces obstacles ne seront pas vaincus, l'ajonc stérile réjouira les yeux du paysan breton. L'exemple même ne peut rien sur lui. M. Chomart, maire d'Herbignac, a métamorphosé en forêts majestueuses, les landes qui bornaient ses propriétés. Récemment encore, M. Delfaut, de Savenai, a trouvé, dans les fermes qu'il s'est créées, la récompense de ses efforts et l'intérêt énorme des modiques sommes qu'il a consacrées aux défrichemens. Les résultats que ce digne citoyen a obtenus, feront à jamais la honte des propriétaires et des laboureurs qui les dédaignent et les négligent.

Ses procédés qu'il a lui-même communiqués à la Société Académique de Nantes, peuvent être exécutés par l'homme le plus ignorant en économie rurale. Il ne s'occupe point à détailler de vaines théories ; ce sont des faits qu'il raconte. En quelques années, 80 journaux de landes, rendus par ses soins à la fertilité, prouvent en faveur de sa méthode simple, d'une exécution facile et peu dispendieuse. Je vais, dans la seule vue d'être utile, indiquer les procédés qu'il emploie.

PRAIRIES. --- Pour convertir les landes en prairies, il faut choisir les endroits les plus bas, ceux qui reçoivent les égoûts des terres supérieures ; couper la superficie à l'épaisseur de deux ou trois doigts. Brûler les landes enlevées par cette opération. S'il se trouve des fossés, on doit en prendre les sommités, les mélanger avec les cendres et du fumier, dans la proportion d'un tiers de chaque espèce, former de cet amalgame des monceaux qu'on répand au bout de six mois sur le terrain. Ensuite, on bêche à peu de profondeur et on seme des graines de foin mélangées avec le treffle et l'avoine.

TERRES LABOURABLES. --- Mêmes procédés, bécher la terre plus profondément, pratiquer des sillons très-élevés pour mêler les couches de terres inférieures, trop compactes avec celles de la superficie, qui le sont trop peu; faciliter l'écoulement des eaux. Pour cela, il suffit de donner une grande pente aux sillons du milieu et d'en abaisser les extrémités.

Bois. --- Les plus mauvais terrains donnent en peu de tems d'excellens résultats. Il faut y faire de larges excavations, les exposer pendant plusieurs mois à l'air et à la pluie qui les ameublissent. Planter ensuite et recouvrir les racines de l'arbre avec le produit de ces fosses. On doit avoir soin de faire ces plantations en massif, afin que les vents d'ouest, qui leur sont préjudiciables, ne puissent attaquer que les premiers rangs.

Les fruits, les légumes, les poissons de mer et d'eau douce sont d'une excellente qualité et à bas prix à Guerande. Escoublac, Saint-Molf et quelques autres lieux récoltent des vins, les plus âpres et les plus verds du royaume. Il en était de même du tems de François I.er (1)

Piriac, et surtout le côteau de Guerande, jusqu'à Bélon, méritent une mention plus honorable. Leurs vins jouissent d'une juste réputation. Le prince qui donne aujourd'hui des lois à la Suède, passant à Guerande en l'an VIII, se fit servir des vins du crû. Il en fut si satisfait, qu'il eut soin d'en placer

---

(1) Ce monarque racontait à un des soupers de la cour, comment un chien, ayant mangé en Bretagne une grappe de raisins *murs*, sentit à l'instant un telle aigreur, qu'il aboya de colère contre la vigne.

un panier derrière sa chaise de poste. On ne m'accusera pas d'aller chercher trop bas mes autorités.

L'industrie *manufacturielle* n'a pas fait des progrès plus rapides que l'agriculture. Quelques fabriques de basins grossiers, de bellinges, de serges, de chapeaux; des poteries susceptibles de perfectionnement, voilà tout ce qu'on peut citer. De plus grands détails à ce sujet, m'obligeraient à sortir des bornes prescrites. Montoir a une fabrique de sel d'Epsom.

LE CROISIC.

Les historiens ne sont pas d'accord sur l'étymologie du nom que porte cette ville. D'Argentré dit qu'elle fut nommée, de son commencement, Trosic, *pour la venue et édification de Brutus;* beau port et bon *séjour de navires*, où Ptolomée situe *Brivatem portum* (1). Fortunat l'appelle *Vicus Cruciacus*, en l'honneur de la conversion des Saxons qui l'habitaient, et qui furent baptisés le jour de Pâques 557 ou 58. D'anciennes chartes, écrites en latin, désignent le Croisic par ce mot *Crociliacus*, ce qui semble détruire les deux hypothèses. Je

(1) M. Athénas a prouvé dans un mémoire, que ce *Brivates portus* était situé à peu près où est aujourd'hui Méans.

pense que l'origine de ce nom se perd dans la nuit des tems, et qu'il faut l'y laisser.

Cette ville, bâtie à l'extrémité d'une presqu'île, séparée autrefois de la terre ferme, est peuplée de 2200 habitans. En 1790, on n'en comptait que 1525. Son port, qui peut contenir 200 navires, est défendu naturellement par des rochers. Cinq batteries, montées chacune de deux pièces de canon et d'un mortier à bombes, ajoutent à la sureté de la péninsule. Avant la révolution, le Croisic jouissait de très-beaux privilèges. Le plus précieux de tous, parce qu'il était le prix de sa fidélité, était de se garder lui-même. Il députait aux Etats, relevait immédiatement du Roi et n'avait point d'autres seigneurs particuliers. C'est sans doute à ces avantages que les Croisiquais sont redevables de ce caractère original, qui les distingue de leurs voisins. Ils forment, pour ainsi dire, un peuple à part, séparés du reste des hommes par la circonscription de leur territoire, étrangers aux révolutions, amis de l'ordre, inviolablement attachés à leurs souverains; on aime à retrouver parmi eux cette affabilité, cette égalité, qu'on me passe le mot, cette franchise enfin qu'ils ont héritée de leurs pères et qu'on chercherait en vain dans plus d'une cité populeuse.

Quelques cabanes grossières, refuge d'une nation

plus grossière encore (les Saxons) (1), furent les premiers édifices de cette ville, aujourd'hui si riante. Ces pirates venaient y déposer en sureté les dépouilles des habitans des rives de la Loire. Rien n'égalait leur barbarie, si ce n'est leur témérité. Croira-t-on que ces soldats intrépides, si long-tems la terreur des côtes de l'Armorique, bravaient l'impétueux Océan sur de frêles machines décorées du nom de vaisseaux, assemblage informe de claies revêtues de peaux cousues ensemble, *qui à peine paraissaient propres à traverser la plus petite rivière*. La religion chrétienne adoucit peu à peu les mœurs de ces hommes qui avaient abandonné leur patrie, pour chercher ailleurs ce qu'elle leur refusait : de l'or et du pain. Ils apprirent à diriger leur expérience et leur industrie vers un commerce légitime, et consacrèrent la valeur, dont la nature les avait doués, à la défense des souverains Bretons qui, plus d'une fois, l'ont reconnue et récompensée.

Un coup-d'œil jeté sur la carte vous fera deviner, mon cher Cléon, que cette ville a joué un grand rôle dans les guerres des ducs de Bretagne. En 1342, Louis d'Espagne s'en rendit maître. Le château et

(1) On peut appliquer aux Saxons de cette époque, ce passage de Tacite ; *Ferox gens nullam esse vitam sine armis putat.* « Ce peuple féroce croit que ne pas combattre c'est ne pas vivre ».

les fortifications, qui n'offrent plus que des ruines, avaient été bâtis par Nicolas Bouchard, en 1355; un rempart de pierres de taille fermait la presqu'île à sa gorge. Ces ouvrages ont été détruits en 1597, par ordre de Henri IV, qui avait envoyé au Croisic La Tremblaie, un de ses capitaines, qui prit cette place, alors une des plus fortes de la Bretagne. Il imposa ensuite une contribution de 30,000 écus sur la ville qui, ne pouvant acquitter la somme entière, fournit des ôtages qui furent conduits à Redon. Les Anglais ont souvent bombardé le Croisic, mais ils n'ont jamais pu s'en emparer. Après le combat naval, qui se donna le 20 novembre 1759, à la vue de cette ville, M. de Conflans, amiral de la flotte française, se vit abandonné. Son vaisseau, *le Soleil-Royal*, de 80 canons, fut échoué et brûlé, ainsi que *le Héros*, de 74, à l'entrée du port du Croisic. Les Anglais en firent le siége; mais la belle résistance des Croisiquais les força de se retirer (1).

Le Croisic doit, à la sollicitude du duc d'Aiguillon (2), la plus grande partie de ses embellis-

(1) Ogée.

(2) On lisait avant la révolution, sur des pierres du *pont de bois* du Croisic, différentes inscriptions en l'honneur de cet administrateur. En voici une en vers latins, composée par un ancien recteur de Piriac, M. Guillaume :

Huc Angli, Batavi, Suevi aut quos gurgite flavo
Tingit Iber, divesque Tagus, creberque procellis

semens, ses quais, les paremens de pierre de taille qui retiennent les terres des îlots qu'on voit dans

---

Ister; inaccessis ceu quos impervia Saxis
Scandinie, durosve ferax Cantabria, bello
Extulit, impavidi tuto succedite, PORTU.
Non Prædo, non sirtis obest, latè indice flammâ
Excubat irrequieta PHAROS; *munimine vasto*
Factæ armis adstant arces; vallata superbo
Aggere, mansuetisque vadis patet hospita tellus,
Venalesque sales, accomoda, littore pandit.
Hoc RIXELI *opus est. Plausit felicibus ausis*
ARMANDUS *pelagi quondàm moderator, et almo*
AEthere nunc magnis animis immixtus, in illo
Se totum agnoscit, studiisque arridet avitis.
Horruit intereà, domitoque inmugiit alveo
Nereus: at vectigales obnoxius undas
Summisit; potior, jussis haud mollibus, urget
Magnanimus LODOIX, *altum quem Gloria curru*
Portat ovans, proprio quem non sine numine divûm
Fixa, triumphali cingit VICTORIA, *pennâ.*

TRADUCTION par un jeune Croisiquais.

« Anglais, Hollandais, Prussiens; peuples que baignent les eaux de » l'Ebre, du Tage ou du Danube souvent agité par les tempêtes; Suédois, » Norwégiens, Danois, entourés de rochers inaccessibles; courageux Bis- » cayens, entrez sans aucune crainte dans notre port. Ne redoutez ni » les pirates, ni les écueils; des forts sont élevés sur le rivage. Un » phare fait briller continuellement au loin son feu indicateur. Descendez » sur une terre amie; des amas de sel en couvrent les bords. Voilà » l'ouvrage de Richelieu. Le célèbre ministre, qui autrefois a dompté » la mer et qui reçoit maintenant dans le ciel la récompense due aux » services rendus à la patrie, a applaudi à ces ouvrages et a reconnu le port. Ce seigneur, qui a laissé de si nobles souvenirs, commandait en Bretagne sous Louis XV. On sait que les Anglais, en 1758, ayant pris Belle-Isle, firent une descente à Saint-Cast, près Saint-Malo. Le duc, à la tête de la noblesse Bretonne, tua une partie de leur arrière-garde, prit l'autre prisonnière, et vengea ainsi les côtes de France de tant d'affronts. La plus injuste persécution devint le prix de ce service et du sang que le duc avait versé pour sa patrie.

La chaussée, dite *du Tréhic*, est encore un des monumens de l'administration de ce brave Français. Elle est élevée d'un mètre au-dessus des plus basses eaux. A son achèvement est attachée la conservation du port. Il serait facile de terminer cet utile ouvrage, en y employant le lest des navires qui viennent charger les sels du Croisic. Une somme de 25,000 fr. suffirait pour conduire à leur fin les travaux commencés.

Un établissement d'un intérêt plus général, puisqu'il est vivement réclamé par le commerce français,

---

» l'entreprise digne de son génie. La mer a frémi ; elle a grondé dans
» ses abîmes ; mais elle a été contrainte de soumettre ses ondes. Elle a
» été domptée par Louis, aux ordres duquel il est impossible de résister,
» que la Gloire a placé au plus haut de son char et que la Victoire,
» fidèle à ses armes, par une protection divine, a ceint d'une couronne
» triomphale. »

serait la construction d'un phare destiné à signaler à l'embouchure de la Loire les nombreux écueils qui la rendent si dangéreuse. Il était réservé au Prince qui, dans une charte immortelle a consacré nos libertés, de combler nos désirs. Les vœux des négocians, des navigateurs de toutes les classes ont été, par les soins de nos magistrats, portés au pied de son trône; il les a entendus, il les a exaucés. Bientôt ce banc de rochers (1), tristement célèbre

(1) On les appelle *le Four*. Ils sont situés à un myriamètre environ à l'ouest du Croisic. Leur longueur est de cinq kilomètres.

Je ne puis, en parlant de cet écueil, passer sous silence un trait qui honore également lord Williams Stuart et les habitans du Croisic. Le 3 mars 1812, vers sept heures du soir, des coups de canon, répétés de minute en minute, apprirent aux Croisiquais que la tempête venait de jeter un navire sur *le Four*. La nuit était obscure, la mer basse et houleuse; un brouillard épais ajoutait au danger. Spontanément on allume des feux sur la côte, pour apprendre aux naufragés que leur détresse est connue, mais on ne peut les secourir. Huit heures s'écoulent dans une cruelle alternative. Le bruit du canon a cessé, toutes les chaloupes et la péniche du port reçoivent l'ordre de se diriger vers l'ouest. On reconnaît un vaisseau anglais échoué, on hésite; les lois défendent toute communication; mais l'humanité l'emporte, le patron d'une chaloupe aborde le navire; c'était *le Conquistador*. Le capitaine, touché de cette marque de désintéressement, lui témoigne sa reconnaissance, le charge de remercier les braves gens qui ont fait cette démarche, et d'une lettre flatteuse pour le commissaire de marine auquel il envoie ses pistolets. Il demande aussi une note des jeunes marins du Croisic prisonniers en Angleterre, et, quinze jours après, le gouvernement Britannique les renvoie à leurs familles. Des vaisseaux de cette nation, stationnés à Hoedic, étaient venus au secours du *Conquistador*. Il resta près d'un

dans l'Histoire des naufrages, servira de guide au pilote incertain. Un phare, chef-d'œuvre d'architecture, répandra sa bienfaisante lumière sur l'Océan. Vous qui bravez cet élément perfide, hommes industrieux, marins infatigables, la crainte de périr aux yeux de votre famille accourue sur le rivage pour jouir de votre arrivée, ne troublera plus votre imagination, et vous apprendrez, en voyant au loin ces feux protecteurs, à bénir celui qui leur aura commandé d'éclairer votre marche.

Il me reste à vous entretenir du commerce du Croisic. Quatorze navires, appartenant à ce port, sont employés au cabotage, et cent chaloupes se livrent à la pêche de la sardine. Soixante seulement ont *travaillé* l'année dernière. Les causes de cette inactivité ne sont pas faciles à déterminer. La cherté de la rogue (1) qu'il faut acheter d'une puissance étrangère, le peu d'abondance de ce poisson

---

mois en vue du Croisic, tandis qu'on travaillait à réparer les avaries qu'il avait essuyées. Ce voisinage effraya d'abord les patrons des petites embarcations destinées au cabotage. Lord Stuart les invita avec tant de franchise à sortir du port, qu'ils eurent confiance en sa loyauté. Jamais la navigation n'avait été plus libre qu'elle le devint sous la protection des Anglais.

(1) Un négociant du Croisic, désirant affranchir son pays de ce tribut, a fait différens essais pour remplacer cette substance. Il est parvenu à d'heureux résultats. C'est avec la sardine elle-même qu'il compose son appât. Le procédé consiste à *désosser* le poisson et à le réduire, par la cuisson, en pâte assez épaisse. On emploie alors ce produit comme la rogue ordinaire.

qui, chaque année, devient plus rare sur notre côte, sont les deux principales qu'on pourrait assigner. En comparant ensemble dix étés, on trouve, par an, que cette pêche a produit 28,800 quintaux métriques de sardines, sur lesquels 53,850 kilogrammes ont été pressés, mis en barils et expédiés à Marseille, à Bordeaux, etc. Dans les bonnes années, ce genre de commerce est un objet de 500,000 francs.

Le Croisic est susceptible de l'établissement d'une grande pêche, selon le mode adopté en Angleterre. Il consiste à cerner la baie par des filets *ad hoc*, et à pêcher ensuite avec des filets ordinaires le poisson arrêté dans cette enceinte (1).

---

(1) La pêche de la sardine est si connue, que je ne m'arrêterai pas à la décrire. Je préfère, pour l'amusement de mes lecteurs, insérer l'extrait d'une lettre de M. Noël, inspecteur des pêches, écrite de Nantes, et déjà citée dans plusieurs journaux.

« Je ne vous dirai pas, (c'est M.r Noël qui parle) que j'ai vu la baleine sur laquelle saint Malo, accompagné de saint Brandan, célébra la messe le jour de Pâques, au milieu de la mer, croyant avoir débarqué sur une île, et qui disparut aux yeux de ces pieux voyageurs, lorsqu'ils eurent mis le pied à bord de leur bâtiment, ainsi que le certifie le R. P. Albert, dominicain de Morlaix. Je ne vous dirai point que j'ai vu le grand serpent marin, qui s'est montré, il y a deux ans, sur les côtes des Etats-Unis, et a frappé de stupeur et d'effroi tous les pêcheurs de Newport. Mais je puis assurer que le 28 octobre dernier, j'ai vu dans la baie de Douarnenez, le *grand-poisson* où le *pesq bras* des Bretons de l'Armorique de Cornouailles.

La presque totalité de la population du Croisic n'a d'autre moyen pour existe que la pêche et les

---

» Le grand poisson est le souverain maître des sardines ; il leur donne une chasse très-vive, il les décime à son vouloir, et l'extrême agilité dont il est doué par excellence, ne laisse aucun doute sur l'énorme destruction qu'il en fait. Les pêcheurs prétendent qu'il a environ huit pieds de long, peut-être en a-t-il davantage, car, ne l'ayant jamais pêché, ils n'ont qu'une idée imparfaite de ses proportions. On sait d'ailleurs qu'il est très-difficile de juger de la dimension des corps dans leur état de submersion, à une ou plusieurs brasses de profondeur. Des sardines de grande taille ne paraissent pas alors plus grosses que des épinoches.

Deux fois le gros poisson est passé à vue de notre chaloupe sardinière. l'air et la mer étaient calmes, les rayons du soleil traversaient obliquement les premières couches d'eau. Deux fois je l'ai vu fendre la mer avec une étonnante rapidité. J'ai pu reconnaître à ses fausses nageoires dorsales, qu'il appartient au genre des scombres, et distinguer que chacune d'elles est entourée d'un liseré ovale dont la couleur est orangée. Ce poisson est si vif dans ses mouvemens, qu'il faudrait avoir les yeux bien perçans pour saisir sa forme générale; mais je suis certain qu'elle s'éloigne peu de celle d'un thon.

» Les pêcheurs affirment que ce terrible dévastateur de sardines, qui les poursuit, les dévore sans relâche et leur fait une guerre sans trève, n'ose pourtant s'approcher du filet, sinon avec beaucoup de réserve, quand les sardines s'y sont emmaillées. Au contraire, il les protège, les défend, disent-ils, et met toute sa sollicitude à en écarter les marsouins, les pourcilles, les squales et autres poissons de proie. Un filet tendu devient pour lui un talisman qui l'arrête, et semble suspendre la voracité de ses appétits. Loin de se prévaloir de sa force, il recule presque devant une barrière qu'il n'ose franchir, et il est sans exemple qu'un filet ait été déchiré par le grand-poisson. Rendu plus circonspect par l'amour de sa conservation, il se contente d'attraper les sardines qui, par hasard, se détachent du filet, et que l'on peut considérer, d'après la compression qu'elles ont éprouvée dans le système operculaire, comme mourantes ou tout au moins inhabiles à fuir.

sels que produit son territoire. Aussi, lorsque l'une de ces ressources vient à manquer, la misère déploie sa hideuse bannière. Toutes les classes souffrent de la stagnation du commerce. Une ordonnance royale, qui a pour but d'attirer l'étranger dans nos ports, en exemptant d'une partie des droits les navires qui exportent des sels, avait fait briller sur cette intéressante contrée l'espoir d'un meilleur avenir. Elle n'a encore aujourd'hui que cet espoir; la réalité paraît la fuir. Dix-sept maisons de com-

---

« Lorsque les pêcheurs ont connaissance qu'un grand-poisson est près de leur chaloupe, ce que leur indique un mouvement particulier produit à la surface de l'eau, ils cherchent le moyen de se débarrasser d'un voisinage aussi importun, car il n'y a point de pêche à espérer pour eux. Ils parviennent bien à éloigner les marsouins en frappant sur le franc bord de la barque avec une pièce de bois, mais il n'en est pas ainsi du grand-poisson. Celui-ci s'attache à suivre la même chaloupe, avec une telle opiniâtreté, qu'il ne suffit pas aux patrons de changer de place pour se soustraire à une obsession qui compromet le succès de la pêche; il est besoin de recourir à un autre expédient. Ce moyen consiste à passer le plus près possible d'une autre chaloupe pour que la vue de ses filets, surtout s'il s'y trouve déjà des sardines emmaillées, opère une diversion utile, en attirant l'ennemi et fixant de ce côté ses intentions hostiles. C'est ce qui en breton se dit : *Reita ar pesq bras*, donner le grand-poisson.

Si ce moyen ne réussit pas, il faut faire voile vers la terre et aussi près que s'il s'agissait de s'y échouer sur une grève. Le grand-poisson suit toujours la chaloupe, mais, comme d'après ses alures générales, il nage très-bas, il s'apperçoit bientôt que l'eau devient moins profonde; son instinct lui conseille alors de ne pas passer outre, aussi rebrousse-t-il chemin, dans la crainte de s'engager témérairement sur quelque bassure. »

merce riches en probité (vous saurez, Cléon, qu'on ignore ici ce que c'est qu'une banqueroute), font de généreux et vains efforts pour ranimer une industrie, de laquelle dépend l'existence de tant de familles. La source du mal tient à des causes générales. Le remède n'est pas en leur puissance.

Un hospice, administré par deux sœurs de la Sagesse, offre un refuge à treize vieillards. Les modiques revenus de cette maison consistent en salines. Pourquoi les personnes chargées de la surveillance de cet établissement ne s'occupent-elles pas de convertir, au moyen d'échanges, ces marais salans, dont le produit est si précaire, en terres labourables ou en quelqu'autre propriété, à l'abri des chances du commerce. Quand il est inactif, les pauvres affluent; alors aussi les revenus de l'hospice sont anéantis. Un tel ordre de choses ne peut exister qu'au détriment de l'indigence, et je suis sûr qu'il aura suffi de montrer le mal pour que les administrateurs travaillent à le guérir. Sans de prompts secours, il est impossible que cet utile établissement se maintienne.

Le Croisic est le chef-lieu d'un quartier maritime, la résidence d'un sous-inspecteur et d'un receveur principal des douanes.

Soixante jeunes gens, à peu près, suivent les cours d'un professeur d'hydrographie établi au

Croisic (1). Ce nombre serait beaucoup plus considérable, si le défaut d'instruction primaire ne privait les enfans des bienfaits de cette institution. Il n'est pas de ville où la fondation d'une école d'enseignement mutuel serait plus nécessaire; mais il faudrait que le Gouvernement en fit tous les frais, parce que la commune n'a point de *revenus*.

Le Croisic a toujours été une pépinière d'excellens marins, de bons pilotes, et, dans les jours de prospérité du commerce français, l'habileté, l'adresse, la fidélité qui les distinguent leur faisait donner la préférence sur leurs concurrens. Cette classe à présent est réduite aux plus fâcheuses extrémités. Autrefois les fils d'artisans, familiarisés dès l'âge le plus tendre avec la mer, sur laquelle leurs premiers regards s'étaient portés, accoutumés ensuite à la braver, devenaient en peu de tems d'intrépides marins. Aujourd'hui, les enfans d'un capitaine expérimenté deviennent maçons. Puisse le Gouvernement venir au secours de cette population! Les services qu'elle peut rendre à la France, lorsque nous aurons une marine plus imposante, le récompensera de sa bienveillante sollicitude!

Quoiqu'il ait plu à l'auteur d'une Géographie mo-

---

(1) M. Simonin, connu par deux ouvrages estimés, l'un sur le *calcul décimal*, l'autre sur la *taille des pierres*.

derne, à l'*usage des maisons d'éducation*, de placer au Croisic des manufactures de serges, de basins, etc., la vérité m'oblige de déclarer ici qu'il n'y existe aucun établissement de ce genre.

On voit à l'extrémité du mail, sur le bord de la mer, un édifice très-vaste et en bon état. C'était, il y a quarante ans, une fabrique de soude. Les fourneaux sont assez bien conservés; un spéculateur pourrait en tirer un parti avantageux. Désirant obtenir des renseignemens positifs sur le motif de son abandon, je me suis adressé à M. Athénas qui l'avait fondée. Voici la réponse qu'il m'a faite : « La manufacture que j'avais tenté d'établir au Croisic, il y a une quarantaine d'années, avait pour but d'extraire le sel de soude qui fait la base du sel marin. Je suis le premier en France, qui ait conçu le projet d'approprier cette fabrication en grand aux besoins des arts et du commerce. Mon procédé consistait à décomposer le sel marin, par l'acide sulfurique, qui en chassait l'acide muriatique. Restait le sulfate de soude, auquel j'ajoutais du charbon pour en former du sulfure par la fusion, et je décomposais celui-ci en absorbant le souffre qui s'était formé, en y ajoutant du fer ou de la mine de fer. On séparait, par lixiviation et évaporation, le sel de soude du sulfure de fer. Le Blanc, chimiste, suivit mon procédé, mais il substitua la craie au fer. C'est le moyen qu'on emploie actuellement, il est le meilleur. Il a affranchi la France de six millions qu'elle payait annuellement à l'Espagne, pour l'importation des soudes qui entrent dans la fabrication du savon, des glaces, des teintures. Aujourd'hui, on ne se sert dans toute la France, que de soude artificielle, même à Marseille, qui est à peu de distance des ports d'Espagne. »

MM. Olweger frères devinrent les successeurs de M. Athénas. Ils travaillèrent à des produits chimiques, et créèrent au Pouliguen un établissement semblable et des briqueries; mais ils furent obligés d'abandonner cette entreprise, ayant été appelés en Angleterre pour diriger une manufacture de glaces.

La société ne doit que du travail à l'homme qui a de la jeunesse, de la force et de la santé. Convaincu de cette vérité incontestable, M. Gallerand, maire du Croisic, a su faire tourner à l'avantage des indigens et à l'embellissement de la ville, des fonds qu'il devait à la générosité de MM. les comtes de Brosses et D. de Sesmaisons. Il a senti qu'il fallait soulager la misère sans encourager la paresse. Une montagne, dont les élémens ont été fournis par l'Espagne, l'Angleterre, la Hollande, etc., s'est élevée, par ses soins, sur un terrain inutile, baigné par la mer, et où jadis le pêcheur allait plonger sa ligne. Une plantation d'arbres indigènes, dirigée avec intelligence, ombragera bientôt cette masse, depuis la base jusqu'au sommet, terminé par une plate-forme, couronnée d'un monument pyramidal, érigé par la reconnaissance, aux bienfaiteurs de la contrée (1). Rien de plus magnifique que le spectacle dont on jouit sur ce plateau. Les yeux, l'imagination, tout est satisfait. Un Océan sans bornes est le premier objet qui frappe les regards. L'azur de ses eaux se confond, aux extrémités de l'horison, avec l'azur de l'atmosphère; quelques navires en sillonnent la surface. Des côtes lointaines, des îles, des rochers, des écueils, rompent la monotonie, et présentent des tableaux à la fois rians, animés et sublimes. Vers l'orient, on découvre l'embouchure de la Loire; les rivages qui forment la rade de Minden, Noirmoutier. Au nord-ouest, on distingue la côte du Morbihan, Belle-Isle, Piriac, et des vaisseaux de toutes les dimensions déployant les uns des voiles rouges, les autres des voiles d'une blancheur éclatante. L'œil fatigué par la contemplation de tant de beautés, aime à se reposer sur le côteau, dont Guerande occupe le sommet. A sa base, la scène change; des sables arides, des villages, des bourgs que la nature a privés d'arbustes, des campagnes frappées d'une éternelle stérilité, font vivement désirer l'ombrage.

(1) Ce point, qui domine une vaste étendue de pays, sera très-avantageux aux observations astronomiques du professeur d'hydrographie.

Descendons, j'aperçois un bouquet de bois : comme le voyageur, égaré dans les déserts de l'Arabie, je bénis la main qui me procure cet abri salutaire. Je m'assieds sur un gazon dont le soleil n'a pas flétri la fraicheur. Le Croisic est à mes pieds. Je vois sortir de ces maisons peu élevées, mais d'une propreté admirable, la jeune Croisiquaise, dont la mise simple ne dépare point les grâces. Mes regards indiscrets planent ensuite sur des jardins ornés de berceaux. A mes côtés se trouve un bassin qui semble taillé pour des bains de mer. J'apprends avec surprise que, jusqu'à présent, personne n'a songé à établir une retraite commode, qui défendît les baigneurs, dont le Croisic est le rendez-vous dans la belle saison, contre les chaleurs accablantes du midi. Un édifice plus élevé que les autres, et dont le tems a grisonné la façade, attire mon attention. Vous voyez, me dit un petit vieillard que mon admiration semblait réjouir, la maison dont Guillaume Roi était propriétaire. Il me raconta longuement, ensuite, ce que j'avais lu dans Ogée, au sujet de cette petite forteresse. Je transcris en entier ce morceau qui terminera ma narration :

« Le calvinisme pénétra dans le diocèse de Nantes, par les prédications de Jean Carmel, surnommé *Fleuri* ou *Fleurier*, qui fut amené en Bretagne au mois d'avril de l'an 1558, par le seigneur d'Andelot,

François de Coligny, époux de dame Claude de Rieux. Loiseleur, dit *Viliers*, se joignit à Fleury, et ces nouveaux missionnaires répandirent d'abord leur doctrine à Nantes, à Blain, à la Bretêche en Missillac et à la Roche-Bernard. Ils se rendirent ensuite au Croisic, où, appuyés par d'Andelot, ils prêchèrent dans l'église de Notre-Dame de Pitié. Les prêtres catholiques en avertirent Antoine de Créqui, évêque de Nantes, qui accourut au Croisic, pour s'opposer aux progrès de l'hérésie, qui menaçait de lui enlever une partie de son troupeau. Il arriva en cette ville le 7 juin 1558, où il fit, dit un auteur calviniste, marcher le Saint-Sacrement en procession, à la tête d'une foule de marins et de commun peuple. La maison, où l'on disait que le ministre s'était retiré pour faire ses exhortations, était une des plus fortes de la ville et appartenait à Guillaume Roi, homme distingué parmi ses concitoyens. Elle fut attaquée par ordre de ce prélat, qui, pour enflammer le courage de ses soldats, fit placer dans les différens carrefours plusieurs barriques de vin de Bordeaux; elle fut battue avec une grosse coulevrine qui tira cinq cents coups. Les calvinistes qui la défendaient étaient au nombre de dix-neuf. Ils tinrent bon toute la journée, mais ils se sauvèrent, à la faveur de la nuit, au château de Careil qui est à une lieue trois quarts du Croisic, pendant que le prélat était à souper. La fuite des coupables fit cesser le siége. L'évêque retourna à Nantes, couvert de confusion, et fut fortement blâmé de la cour.

» Sur la fin de juin de l'an 1562, les calvinistes du Croisic choisirent pour leur ministre François Baron, natif de Piriac. Ils l'avaient envoyé à Genève, où il s'était fait instruire des principes de la secte. »

PIRIAC.

Ce bourg, assis sur un rocher baigné par la mer, est à une distance de huit myriamètres à l'ouest de Nantes. Il renferme à peu près six cents habitans, la plupart marins, pêcheurs ou vignerons. L'île du Mêt n'en est éloignée que de cinq kilomètres. On peut, sans témérité, assurer qu'autrefois elle faisait partie de la terre ferme, que la mer, aidée par le tems, a miné les roches granitiques qui la joignaient au continent, et s'est ainsi ouvert un passage, après avoir renversé la digue que la nature opposait en vain à ses efforts. Cette assertion est d'autant moins hasardée qu'elle passe dans le pays pour une vérité incontestable. On rapporte que l'ancien château de Piriac conservait, dans ses archives, plusieurs chroniques qui prouvaient évidemment ce fait. Le vandalisme a détruit ces monumens; il a égaré la main de cet ignorant ouvrier qui effaçait, avec le ciseau, des caractères armoricains que les siècles avaient épargnés (1).

Si l'on ajoute foi à la tradition , Piriac était, à une époque extrêmement reculée , une ville forte, riche et commerçante. Elle n'occupait pas les lieux où l'on voit maintenant le bourg, mais une partie de l'espace compris entre l'île du Mêt et le continent. L'Océan l'a engloutie.

Bochart croit que les Phéniciens avaient fondé des colonies sur les côtes de l'Océan. On s'accorde à dire qu'ils faisaient un grand commerce, que l'étain surtout en formait la principale branche. N'est-il pas probable que ces peuples ont connu les mines de ce métal, qu'on vient de découvrir près de Piriac. Qu'ils les ont exploitées , et que la ville engloutie était le centre de ce commerce , qui excitait alors l'envie de toutes les nations. Des Carthaginois qui vinrent après les Phéniciens, s'emparèrent sans doute de cette industrie. Dans des tems postérieurs , les Venètes, selon Diodore de Sicile, faisaient trafic de l'étain. Ils pouvaient le recevoir des îles Britanniques ; mais, n'est-il pas plus raisonnable de croire qu'ils en retiraient de leur propre sol, puisqu'ils transportaient ce métal

---

(1) Une croix posée sur le chemin de Guerande à Piriac, portait une légende armoricaine. En 181*, elle a été piquée avec le marteau. *On voulait l'embellir ! ! !*

sur des chevaux, du lieu de l'extraction à Narbonne, en trente jours seulement.

Je ne m'arrêterai pas plus long-tems à cette hypothèse. Plusieurs savans travaillent aujourd'hui à soulever le voile qui dérobe à nos yeux l'histoire des peuples de l'antique Armorique. Espérons que le zèle qui les anime, les connaissances qui les distinguent, les travaux pénibles auxquels ils se livrent, surmonteront bientôt les obstacles qui nous cachent encore la vérité. Je reviens à l'inappréciable et récente découverte d'une mine sur laquelle sont fondées de grandes espérances. Puisse-t-elle ouvrir une nouvelle carrière de prospérités au pays dont j'ébauche l'histoire.

L'usage de l'étain est si commun, si répandu, qu'il devient inutile de discourir sur ses propriétés. On sait que l'impératrice Catherine avait promis dix mille roubles à celui qui découvrirait, sur le vaste territoire de la Russie, une mine de ce précieux métal. On sait aussi que l'occasion d'accorder cette récompense ne s'est jamais présentée.

On n'avait, jusqu'à ce jour, trouvé l'étain en grandes masses, que dans trois contrées de l'Europe. Il existe ainsi dans une région de l'Allemagne, entre la Saxe et la Bohême; sur les frontières du Portugal qui avoisinent la Gallice; enfin, et c'est là qu'il est le plus abondant, en Angleterre, dans le comté de Cornouailles.

Si le gouvernement de Sicile attachait plus de

prix à cette matière, il trouverait dans l'exploitation des mines de son territoire un ample dédommagement de ses avances.

Les montagnes du Thibet, qui forment à l'est et à l'ouest les limites du royaume de Siam, recèlent des mines d'étain très-recherché.

On le rencontre au pied des monts les plus voisins de la Chine, dans l'empire des Birmans.

Les montagnes volcaniques de Sumatra, dans l'Archipel Austral, n'en sont pas dépourvues. On l'exploite aussi en Afrique, dans le Congo, où il fait l'objet d'exportations considérables.

La direction générale des mines de France n'a rien épargné pour acquérir la certitude que l'étain existait dans ce royaume. Les journaux nous ont appris que M. de Cressac l'avait trouvé près de la petite ville de Saint-Léonard, département de la Haute-Vienne. Tout récemment, MM. de la Guerrande, ancien maire de Piriac, et Athénas, directeur de la monnaie de Nantes, l'ont reconnu dans les rochers, dans les sables, à une très-petite distance du bourg de Piriac. Ce n'est pas le seul lieu de la Bretagne qui recèle des mines d'étain. Je pourrais citer à l'appui de mon sentiment le témoignage de quelques personnes recommandables par leurs hautes connaissances (1). Parmi les

(1) Nous savons qu'on vient de reconnaître près des Sables-d'Olonne, une mine qu'on croit être d'étain ou de plomb mêlé d'argent, dont les filons se dirigent sous la mer.

écrivains de l'antiquité, Aristote est un de ceux qui font mention de l'étain celtique. Strabon parle aussi des mines de ce métal, exploitées par des peuples qui habitent au-delà des Lusitans, ainsi que dans les îles Cassitérides. Roch le Bailly (1) atteste qu'il a vu, en Bretagne, des mines d'étain. Toutes ces autorités, fort respectables d'ailleurs, n'ont jamais procuré de découvertes.

Le hasard seul a tout fait.

MM. de la Bourdonnaie et Jacquelot, syndic et conseiller au parlement de Bretagne, avaient soupçonné l'existence de l'étain à Piriac. M. de la Guerrande, membre de la Société académique de la Loire-Inférieure, qui habite cette commune, trouva, non loin du bourg, dans ses promenades au bord de la mer, une espèce de sable très-lourd qui avait une teinte d'un noir violâtre. Il prit d'abord ce minéral pour du Spath pesant. Il en communiqua ensuite un échantillon à M. Athénas, qui, ayant examiné cette substance avec attention, reconnut en elle tous les caractères de la mine d'étain. Cette nouvelle fixa les regards de plusieurs savans minéralogistes qui se transportèrent aussitôt sur le théâtre de la découverte. Ils trouvèrent le minerai, non seulement à la superficie du sol, mais

(1) Petit traité sur les antiquités de la Bretagne.

dans les rochers, parmi les cailloux. On en voit les indices depuis Poulbran, commune de Guerande, près de la Turbale, jusqu'à Mesquer. Dans l'intérieur, on les remarque dans la vigne de Pledro, dans celle du Mesquin, du côté de Saint-Sébastien. M. Athénas pense que la chaîne de montagnes sur laquelle est situé Guerande, ne contient pas d'étain dans sa masse supérieure, et que ce n'est qu'à sa base que sont les filons stannifères; ils courent est et ouest, depuis la pointe de Piriac et la roche noire (1), dans laquelle la mer a creusé la *grotte à Madame*. Ils se retrouvent dans la même direction à Pompas, sur la route de Guerande à la Roche-Bernard.

La fusion du minerai, opérée en présence de S. Exc. le ministre de l'intérieur, de plusieurs conseillers-d'état et du conseil général des mines, a donné sur cent parties soixante-dix d'étain, dont la supériorité est marquée par un avantage que n'offre point celui de Cornouailles. C'est que l'étain de Piriac ne contient point de cuivre, qualité précieuse pour l'étamage des glaces.

Dans une de ses séances, le conseil général du département, sur la proposition de M. le préfet,

---

(1) Le Kiessel Schieffer des minéralogistes.

avait voté une somme qui n'a pas été allouée comme insuffisante. Elle n'avait pas pour objet l'exploitation de la mine, mais seulement d'encourager les recherches.

En 1818, la direction des mines donna l'ordre à deux jeunes gens attachés à cette administration, de se rendre à Piriac, afin de recueillir quelques renseignemens. Le résultat des fouilles légères qu'ils ont faites n'a pas été rendu public. Je sais seulement qu'une société composée de MM. de la Guerrande, Athénas, de Boisgelin, Ternaux, Lafitte, etc., s'est formée pour l'exploitation. Faisons des vœux pour que le succès couronne son entreprise.

J'oubliais de vous apprendre, Cléon, que la pointe de terre voisine de Piriac, qui forme l'embouchure de la Vilaine, se nomme Penestin ou Penestain. Plusieurs étymologistes profonds, que j'ai consultés, sont d'avis que ce nom est évidemment formé de *pen*, qui signifie *tête*, en langage celtique ou armoricain, comme il vous plaira, et de *stan*, *staen*, en français *étain*, en latin *stannum*. Ainsi, Penestin veut dire *pointe*, *promontoire de l'étain*. Cette opinion est séduisante, je l'adopte volontiers.

MINÉRALOGIE.

Les richesses minéralogiques du département de la Loire-Inférieure ont été recueillies et soigneusement examinées par un savant (1), qui a consacré à l'étude de cette belle science, ses loisirs, sa jeunesse et le talent d'observation dont la nature l'a doué. Il se propose, en publiant le résultat de ses immenses recherches, de nous faire jouir incessamment du fruit de ses travaux. J'ai pensé qu'alors il devenait inutile de traiter isolément cette partie, j'y renonce avec d'autant moins de regrets, que le peu de pages que j'aurais pu employer à cet article, n'eût satisfait personne.

Je vais indiquer succinctement quelques substances minérales, découvertes sur le territoire de Guerande. Les unes sont précieuses dans les arts, les autres sont curieuses seulement.

Quartz laiteux. Il se trouve en très-gros blocs dans l'anse de la Turbale.

Quartz enfumé, à la côte du Croisic.

Schorl noir, dans la carrière de Cly, à 3 kilom. de Guerande. C'est de là que viennent les beaux échantillons qu'on voit à Paris, au cabinet de la monnaie; il en existe dont les cristaux sont de la grosseur du pouce.

(1) M. Dubuisson, conservateur du Muséum de Nantes.

Kaolin. Le Croisic en fournit d'extrêmement pur ; on a commencé récemment à l'employer à Nantes, dans une manufacture de porcelaine. Il remplace avantageusement celui qu'on tire à grands frais des environs de Limoges.

Pierres mélangées. A la pointe de Piriac, on a découvert le *tropp* des Suédois, ou pierre à corne. Fondue au feu de verrerie, il donne un verre très-propre à la fabrication des bouteilles.

Argiles micacées. La commune d'Herbignac est depuis long-tems en possession d'en fournir : elles sont réputées les plus belles du département.

Aimant. Les pierres d'aimant qu'on remarque au Muséum de Nantes, ont été trouvées à la Ville-Martin, près de Saint-Nazaire, à l'embouchure de la Loire, sur la rive droite. Un laboureur, dit-on, promenait la charrue dans son champ ; étonné des efforts qu'il était obligé de faire pour la soulever, lorsqu'elle passait sur une partie du terrain, il parla de ce phénomème à quelques personnes qui s'empressèrent de chercher la cause de cette résistance ; on la trouva dans l'aimant isolé et disséminé sur la surface du champ. On soupçonne, non sans fondement, que les rochers sur lesquels Saint-Nazaire est bâti, ne sont point dépourvus de ce minéral.

Etain. (*Voyez l'article Piriac*).

TOURBIÈRE DE MONTOIR.

Vous allez me demander, Cléon, quelle est cette étendue de terrain, inutile à l'agriculture, qui occupe à peu près la cinquième partie de la carte jointe à cet ouvrage. Pour vous répondre d'une manière qui ne vous laissât rien à desirer, il faudrait faire un gros volume. Heureusement, je suis loin d'avoir cette pensée. J'appellerai à mon secours Ogée et M. Huet : ce sont les seuls auteurs qui aient parlé de la brière ou bruyère, nom que le peuple donne aux marais turbeux de Montoir. Ecoutons Ogée ; je ne vous cite point ce morceau comme un modèle du genre descriptif, mais, en revanche, les erreurs n'y manquent pas ; je releverai les plus importantes. « Ces marais sont une source de richesses (1) pour les habitans, qui en tirent des mottes à brûler. Ces mottes se trouvent dans un marais qu'ils appellent la *Grande-Brière*, lequel, joint aux autres qui l'environnent, renferme un terrain qui a plus de cinquante lieues de périmètre (2). Ces mottes sont d'une grande ressource, non-seulement dans la province, mais encore pour les villes de la Rochelle, Bordeaux, l'Isle-de-Ré et

(1) Le mot *richesses* ne convient guère ici.

(2) Comment l'auteur du Dictionnaire de Bretagne, d'ailleurs excellent géomètre, et après lui M. Huet, ont-ils pû imprimer une erreur aussi évidente. La tourbière, les marais de Saint-Gildas compris, ne forme pas les deux tiers de cette circonférence.

autres, où les montoirins les transportent. Les malheureux qui ne peuvent se procurer de bois, achètent pour cinq ou six sous de mottes, qui leur servent pendant sept à huit jours, dans la plus rigoureuse saison de l'année.

» Des particuliers avaient formé le projet d'afféager ces marais et de les dessécher; mais les états de la province se sont opposés à cette entreprise, qui, en enrichissant les seuls afféagistes, aurait réduit à la dernière mendicité (1) les habitans de ce canton qui ne vivent dans une honnête aisance (2), qu'à l'aide de ce commerce

---

(1) La dernière mendicité, il y en a donc une première ?

(2) *Cette source de richesses, cette honnête aisance* dont vous parle M. Ogée, vous portent naturellement vers cette idée, que les mottiers (qu'on me passe l'expression) connaissent, sinon les superfluités, au moins quelques-unes des douceurs de la vie; que leurs vêtemens, leur nourriture, leurs habitations, annoncent des hommes au-dessus des besoins. Ah! si vous l'avez conçue cette pensée, détrompez-vous, car, d'après elle, vous ne reconnaîtrez jamais les paysans qui exploitent la tourbière, si vous venez un jour visiter nos contrées. Figurez-vous des êtres qui à peine ont fait quelques pas dans la carrière de la civilisation, de véritables squelettes animés, réduits à cet affreux état de maigreur, (je parle surtout des habitans de Mayeux et de la Chapelle-des-Marais) par les eaux croupissantes dont ils s'abreuvent durant les chaleurs de l'été; par les exhalaisons délétères des marais, qui étendent jusqu'aux animaux domestiques, leur perfide influence. Des huttes couvertes de roseaux abritent à peine ces mottiers; un pain noir soutient leur chétive existence. Ajoutez à ce tableau hideux, des maladies scrofuleuses, et vous conviendrez que cette bruyère est, non pas une source de richesses, mais une source de mort.

qu'on voulait leur interdire. Il en serait résulté un autre mal, c'est que le royaume aurait été privé d'un certain nombre de bons matelots, toujours prêts à servir lorsque le besoin de l'état pourrait l'exiger.

» Il y a apparence que les marais étaient jadis une forêt, qui aura été renversée par les ouragans furieux de 700, ou de 1177 (1). *Ce qui* parait prouver cette opinion, est le grand nombre d'arbres de toutes grosseurs, et surtout de chênes qu'on y trouve. Le bois de ces derniers est aussi dur et aussi noir que l'ébène. *Ce qui* étonne beaucoup de monde, c'est que si on enfonce un bâton ou canne dans ce terrain, qui est toujours humide, *ce qui* se fait très-facilement, et qu'on l'y laisse séjourner cinq à six heures seulement, il n'est point d'homme assez vigoureux et assez fort pour l'en retirer. Lorsqu'on y fait une ouverture, il en sort une odeur très-désagréable. Il y a environ dix-huit ans (2) que, pendant un été fort sec, un homme qui tirait des mottes près de l'île de Clairfeuille, laissa tomber une étincelle de *feu* avec

---

(1) Je ne partage point cette opinion. Un ouragan, quelque furieux qu'il soit, ne peut renverser une forêt de 30 lieues ; ce bouleversement tient à des causes souterraines. Il faudrait, pour les expliquer ici, de longs détails qu'il m'est impossible de donner sans dépasser les bornes que j'ai posées.

(2) Ecrit en 1779.

lequel il avait allumé sa pipe. La nuit suivante, le *feu* prit dans les mottes et consuma une étendue considérable de terrain. On s'opposa aux progrès du *feu*, qui aurait tout réduit en cendre, en creusant au plutôt des fossés tout autour des endroits menacés. Le *feu* s'arrêta à quatre à cinq pieds de profondeur, parce que la motte ne va pas plus avant (1).

» Il y avait autrefois, au milieu de cette brière, un château appelé *de Nisère* ou *de Nessé*, dont il ne paraît plus de vestiges ».

Voici les renseignemens que nous donne M. Huet sur l'exploitation et le produit de la tourbière.

Onze communes usent en commun de ce marais, soit pour leur chauffage particulier, soit pour le commerce.

Cette exploitation se fait l'été et devient d'autant plus facile, d'autant plus abondante, que le printems a été moins pluvieux. Chaque famille se rend alors à la tourbière. On extrait la tourbe d'abord par grandes masses que l'on divise ensuite en carrés longs, dont les dimensions ordinaires sont de seize à dix-huit centimètres de longueur, sur cinq à six de largeur, et trois à quatre d'épaisseur. Trois

(1) Ce fait est inexact. En admettant que le feu ait pénétré un pied et demi de profondeur, on peut encore passer pour être généreux.

personnes sont simultanément occupées du soin de couper, de réunir et d'étendre les tourbes. Lorsqu'elles sont sèches on les entasse, et, vers la fin de l'automne, on les transporte dans des *blains*, espèce de petits bateaux, jusqu'à l'étier de Méans, où on les charge dans des chaloupes, et de là, on les conduit par la Loire à Nantes, à Vannes, à la Rochelle et jusque dans la Gironde.

Quelquefois les glaces et les inondations de l'hiver entraînent, avec ces monceaux de tourbes épars sur le marais, toute la fortune de plusieurs communes.

On estime que chaque famille peut récolter annuellement cent cinquante à deux cents milliers de mottes, et que l'exploitation totale peut s'élever à trois cent vingt-quatre mille sept cents milliers. Le millier ne vaut pas plus de cinquante à soixante centimes à l'extraction.

De sorte qu'un habitant de Saint-Joachim, par exemple, qui s'occupe toute l'année de la fabrication de ces tourbes, ne gagnerait que vingt ou trente centimes par jour, s'il ne les transportait lui-même et ne s'appropriait les bénéfices du fret.

Ces mottes sont noires, brûlent sans éclat et lentement, mais suffisent au chauffage du pauvre et s'employent dans nos cuisines. Elles ne sont jamais assez sèches pour s'enflammer sans répandre une fumée épaisse et une odeur désagréable. On a trouvé différens procédés pour en diriger la combustion de manière à les réduire en charbons; mais jusqu'ici les frais de l'opération excèdent les bénéfices. On s'est contenté d'en lessiver les cendres pour en extraire le sel d'epsom (sulfate de Magnésie) dont il existe à Montoir une manufacture peu importante, et qui en livre annuellement 150 quintaux métriques au commerce.

Cette tourbière, au reste, s'appauvrit sensiblement, et les habitans doivent craindre d'être privés de cette ressource, s'ils ne souffrent qu'on détermine le droit respectif de chaque commune, qu'on ne soumette ce marais à une exploitation régulière, à un systême quelconque d'aménagement (1).

---

(1) Si cette tourbière s'appauvrit, ce qui n'est pas sûr, une exploitation régulière la rendra-t-elle plus productive ? cela n'est guère probable. Si le gouvernement en fait la concession à une compagnie quelconque, cinq mille personnes mourront de faim; il est nécessaire de laisser les choses comme elles sont, mais il est urgent de bâtir une écluse au pont de Méans. L'extraction des mottes diminue considérablement la hauteur du sol de la bruyère; les eaux qui l'inondent dans les sizygies ne peuvent se retirer à cause des cavités où elles se précipitent. Il faut donc que l'évaporation les fasse disparaître, ce qui exige un été très-sec, et laisse ainsi le succès de l'exploitation à la merci de la température.

ANTIQUITÉS.

Presque toute la Bretagne et une partie du Poitou sont couvertes de monumens celtiques ou druidiques. Les plus remarquables, ceux sur lesquels le tems a ébréché sa faulx, s'offrent à nos yeux sous la forme de pierres brutes, surprenantes par leurs proportions gigantesques. On donne en *bas-breton* le nom de *peulvan* ou pilier de pierre, à celles qui sont isolées, quelquefois celui *d'hir-men* ou pierre longue, à celles qui gissent sur le sol. Lorsque plusieurs de ces masses se trouvent réunies, on remarque, en certains lieux, qu'elles soutiennent des pierres d'un volume énorme, horisontalement placées; elles sont distinguées ordinairement par le mot *dolmen*, qui ne signifie que pierre posée de niveau ou en table. L'époque et les causes de leur érection sont deux problêmes: notre postérité laissera peut-être à la sienne l'honneur de les résoudre. Ces monumens où les uns voyent des trophées, les autres des tombeaux et des autels, ont exercé la patience, la sagacité et l'imagination d'un grand nombre de savans. S'ils eussent employé à des fouilles, à des recherches sur les lieux même, le tems qu'ils ont perdu à bâtir des hypothèses et à lire, ou à faire des livres qui n'apprennent rien; sans doute, aujourd'hui, on aurait une solution. Interrogez celui qui a lu toutes les dissertations scientifiques sur cette matière; si ce n'est point un homme à systêmes ou à passions, il vous répondra comme Montaigne : Que sais-je ! je suis loin de vouloir faire le procès à ceux qui cherchent à soulever le voile de l'antiquité, *chargé du poids de tant de siècles*; leurs doutes modestement exposés, prouvent souvent en faveur de leurs connaissances ; mais je ris de ces *demi-savans* qui ne savent point douter, et qui se fâchent lorsqu'on ne met point leurs rêves sur la même ligne que les vérités mathématiquement prouvées. Pour ne point tomber dans cet excès, je me bornerai à décrire, en peu de mots, les monumens druidiques disséminés sur le territoire de Guerande. J'aurai soin de dire l'espèce de culte dont ils ont été et sont encore l'objet.

Non loin d'une tour ruinée qui servait autrefois de phare, sur la route de Nantes à Guerande ; et à 5 kilomètres de cette dernière ville, au nord-est, on voit une pierre de forme pyramidale, élevée au milieu d'un champ. Elle est granitique et brute, absolument dépourvue de caractères. Sa hauteur, que j'ai mesurée, est de 4 mètres; sa base, un peu arrondie, donne en circonférence 4 mètres 25 centimètres. Ces proportions peuvent faire juger de celles des monumens de l'espèce dont je vais parler. Dans l'espace compris entre Guerande et le village de Saillé, à quelque distance du chemin, au sud-ouest, on remarque une pierre plantée parmi des vignes. Quoiqu'on puisse l'assimiler à la première, il paraît néanmoins que ce bloc s'est détaché d'une masse supérieure. Je ne vous entretiendrai point d'une troisième, placée en vue du bourg de Batz, sur le bord de la mer. Je me hâte d'arriver à ce monticule tapissé de gazon, qui avoisine la chapelle de Saint-Goustan, à l'extrémité de la presqu'île du Croisic. Une énorme portion de rocher en occupe le centre. La superstition l'a consacré comme cette pierre qui resta seule debout au milieu des ruines de la ville de Thespies, détruite par les Thébains, monument sacré pour les peuples qui accouraient du fond de la Grèce adorer, dans ce roc informe, la statue de Cupidon; c'est ainsi qu'anciennement, dit l'auteur d'Anacharsis, on représentait les objets du culte public. La pierre de Saint-Goustan, connue sous le nom d'Hir-men, était jadis fêtée tous les ans par des Croisiquaises; je ne vous dirai pas quelle divinité on célébrait dans ces jeux, il y a cinquante ans peut-être eussiez-vous pu l'apprendre, car l'entier abandon de ce dieu-rocher ne date que d'un demi-siècle. Ce n'était point Bacchus, quoique rien ne ressemble mieux aux honneurs rendus au fils de Sémélé, que les cérémonies usitées envers sa pierre-longue. Le 15 août, au lever du soleil, des femmes désertaient leurs maisons, se réunissaient hors de la ville, ensuite se prenant les mains, elles poussaient de grands cris ; une d'entr'elles donnait le signal de la course dirigée vers la pierre, autour de laquelle on dansait jusqu'à extinction de forces.

Le sénat romain défendit les fêtes de Bacchus en 568, et dix lustres se sont écoulés depuis l'abolition des fêtes d'Hir-men, ordonnée par un des premiers recteurs ou curés du Croisic.

Je reviens à la chapelle de Saint-Goustan : sa haute antiquité, les miracles qu'on lui attribue méritent bien quelque mention. Je ne dis rien de sa construction, elle a été bâtie sans architecte ; c'est peut-être la plus ancienne église du département. Les Saxons, convertis par Saint-Félix, élevèrent sans doute ce temple au Dieu des chrétiens, qu'ils reconnurent pour le vrai Dieu, l'an 557 ou 58 de Jésus-Christ. A côté de cette chapelle est une fontaine qui ne tarit jamais ; elle opère des prodiges, le lendemain de la Pentecôte, à midi précis, ce jour-là il y a foule. Les habitans de Batz et des villages voisins ont plus de confiance en la vertu de ses eaux, que ceux du Croisic ; cela ne doit surprendre personne, est-on jamais prophète dans son pays ! Si la mort menace les jours d'un ami, d'un époux, d'un enfant ; si la foudre gronde sur la tête d'une famille effrayée, on fait des vœux à Saint-Goustan, on promet une offrande, au jour fixé on vient la déposer le plus mystérieusement possible, on est exact, peut-être le serait-on moins s'il s'agissait d'une hécatombe de cent taureaux, d'une somme, ou de quelqu'ornement d'or et d'argent ; mais le moyen de manquer à ses vœux, de fausser un serment pour une épingle ou un petit clou, car tels sont les *ex-voto* : c'est avoir bon marché de la protection d'un saint; je connais plus d'un mortel qui ne serait pas aussi traitable.

En breton, Goustan signifie esprit-feu ou esprit de feu. Le jour de la Pentecôte, le *Saint-Esprit* descendit sur les apôtres en forme de *langues de feu* : ce rapprochement est curieux. Passons du sacré au profane. Je vois sur la côte de Piriac le *tombeau d'Armansor*. Il occupe la pointe de Penharang (le cap ou la tête du discours de la harangue). Si nous en croyons les antiquaires, les monumens de ce genre sont évidemment druidiques; ainsi, le tombeau d'Armansor est un autel où les ministres de Teutatès (1) égorgeaient des hommes, des chevaux, des chiens. Les bassins

---

(1) Ou Teut, Teutès, Thent, Theutatès, Teuthès, ou Thot, du mot celte *theutat*, qui signifie père du peuple.

C'eut été une profanation de labourer le champ où les cérémonies en son honneur avaient été célébrées, et, pour empêcher qu'il ne servît à un usage profâne, on le couvrait de pierres d'un volume énorme ; voilà, dit un mythologue, l'origine de ces amas de pierres, dont on découvre encore les restes en France, en Allemagne et en Angleterre.

creusés au nombre de dix, qui occupent le plan supérieur, répondent à une rigole qui descend jusqu'au pied de l'autel; ils servaient à recueillir le sang des victimes qui coulait à la vue du peuple assemblé. Je ne sais d'où est venu à ce monument le nom d'*Armansor*; mais il est probable que des fouilles dirigées avec intelligence, pourraient nous donner d'heureux résultats. Trois voyageurs distingués par leur érudition, et parmi lesquels se trouvait un membre de l'Académie des sciences, visitaient ce pays au mois de septembre dernier; leurs courses terminées, ils retournaient à Nantes, par la route de la Roche-Bernard, lorsqu'ils apperçurent, à quelques centaines de pas de Guerande, dans une frîche sur la droite et avant d'arriver au moulin de Crémeur, un rocher creusé en bassins et en rigole. (1) Cette découverte piqua leur curiosité; ils examinèrent attentivement ce bloc, qui, jusqu'alors, avait échappé aux regards des passans, afin de s'assurer qu'il ne portait aucuns caractères. En cherchant dans les endroits qui offraient quelques cavités, ils trouvèrent sept petits flocons de laine rouge pâle, un de ces fragmens était entouré d'un fil d'or; ils ne doutèrent point que le rocher-autel ne fut encore, pour les superstitieux, un objet de vénération, et la laine trouvée, une

(1) Deux monumens semblables existent près du village de Cly.

offrande à des puissances inconnues. Le départ trop prompt de nos voyageurs les empêcha de faire de plus amples recherches. Un de ces messieurs m'invita expressément à recueillir quelques notes sur cet objet. Les renseignemens pris sur les lieux sont si contradictoires, que je n'ose les citer ici. Toute pratique qui sent l'idolâtrie est sévèrement et justement défendue par les prêtres (1), ceux qui s'y livrent sont donc intéressés à garder sur ce point un secret impénétrable ; ainsi, tant qu'on ne les prendra point en flagrant délit, il sera impossible de savoir quelque chose.

Le nombre des médailles romaines en bronze, que le hasard fait découvrir presque chaque jour dans cette contrée, est si grand, qu'on n'est point étonné de les voir dans la circulation, passer pour des pièces de cinq ou dix centimes; la plupart de ces *monnaies* sont consulaires, quelques-unes sont impériales; je ne crois pas qu'il en ait été trouvé d'argent, mais je connais des amateurs qui en possèdent en or très-pur; elles sont du règne de Néron. Une médaille de la famille Pomponia a été trouvée au Croisic, en 1756. Des fouilles faites sous

(1) Un concile célébré à Nantes, au neuvième siècle, recommande aux évêques de proscrire le culte des arbres, des pierres trouvées dans les forêts, et de menacer de l'excommunication tous ceux qui se livraient à cette idolâtrie, *summo decertare debent studio episcopi et eorum ministri*, etc.

un monument druidique, situé dans la commune de Saint-Nazaire, ont donné des urnes, des pièces de cuivre, d'or et d'argent. Je terminerai cette notice par la description de ce monument, le premier qui frappe les regards de celui qui visite notre pays. C'est une pierre longue de 3 mètres 26 centimètres, large de 1 mètre 64 centimètres, épaisse de 34 centimètres. Elle est supportée par deux pilliers ou deux autres pierres, dont une au sud a 1 mètre 94 centimètres d'élévation au-dessus du sol, 2 mètres 27 centimètres de large et 64 centimètres d'épaisseur; l'autre, au nord, a également 1 mètre 94 centimètres d'élévation, mais elle n'a que 1 mètre 62 centimètres de large et 32 centimètres d'épaisseur.

A côté, vers l'ouest, est une pierre taillée en cône, dont la dimension est un peu inférieure à la première que j'ai décrite. Plusieurs personnes pensent que l'usage d'orner de fleurs, le dimanche des Rameaux, les croix placées le long des chemins, remonte à des tems reculés, et qu'il est une image du culte rendu par les Romains au dieu des jardins. Quand l'origine de cette coutume serait telle, ce qui est loin d'être prouvé, je ne verrais pas la nécessité de l'abolir puisqu'elle est si innocente, qu'il n'en peut résulter aucun abus condamnable.

POÉTES, PROSATEURS, MATHÉMATICIENS.

Je veux, mon cher Cléon, avant de terminer ce précis, vous faire connaître les hommes de cette contrée qui ont eu quelque réputation. Je me bornerai aux écrivains.

Guerande n'a donné le jour qu'à un seul poéte, ou s'il en a produit d'autres l'histoire ne leur a pas rendu justice. S'il entrait dans le plan de ce petit travail de célébrer les guerriers sortis de son sein, vous verriez qu'en ce genre il ne le cède à aucune ville de Bretagne.

JAGOREL, commissaire de marine, mort à Nantes en 1814, était né à Guerande. Nous avons de lui un poëme en quatre chants, intitulé *Nembrod*, imprimé en 1809. Par cet ouvrage, qui n'est point dépourvu de grâces, on voit que Jagorel a voulu imiter Parny, mais il est resté bien au-dessous de son modèle. Néanmoins des pensées neuves, élégamment rendues, quelques tableaux gracieux, font regretter que l'auteur qui maniait avec flexibilité le vers de dix syllabes, n'ait pas choisi un sujet plus digne de ses talens. Vous allez en juger par une citation prise dans le chant deuxième.

« Que le sommeil est une bonne chose !
» Il est des Dieux un des *plus* doux bienfaits,
» Dans *plus* d'un cas s'ils en doublaient la dose,
» L'esprit du diable aurait moins de succès.

» La médisance, au regard hypocrite,
» Pour déchirer, trouverait moins de tems,
» Et le poison de sa bouche maudite,
» Pour notre bien, resterait sur ses dents,
» L'essaim nombreux des sots de tout étage,
» Autour de nous ferait moins de tapage,
» Sots et méchans par la grâce des Dieux,
» Vous dormiriez jour et nuit *sans partage :*
» Certe, ici-bas tout n'en irait que mieux.

Piriac est la patrie de J.-B. MORVAN DE BELLEGARDE, qui naquit en ce bourg le 30 août 1648. C'était, dit le père de Tournemine, qui a fait son éloge, un écrivain fécond en théologie, en politique et en littérature. Disciple du père Bouhours, il se montra digne d'un tel maître. Son attachement à la philosophie de Descartes, qui n'était pas encore à la mode, fut la principale cause de sa sortie de la société des Jésuites. Rentré dans le monde, Bellegarde qui était prêtre, se fit aimer et estimer par sa modestie, sa politesse et son désintéressement. Il vivait de ce que ses fonctions et ses écrits lui rapportaient. Ami des pauvres, il savait s'imposer des privations pour les soulager plus abondamment. En 1726, se voyant infirme, il prit la résolution de s'occuper uniquement de son salut, et se retira à Paris, dans la communauté de Saint-François-de-Salles. Il souffrit avec une admirable patience une incommodité qui lui survint à la cuisse, et qui l'obligea de demeurer assis pendant deux ans et mourut dans le lieu de sa retraite le 26 avril 1734.

Bellegarde est l'auteur d'un grand nombre de traductions, d'œuvres théologiques, morales historiques, dont quelques-unes ont été traduites en plusieurs langues. Nous connaissons de lui trente-trois ouvrages en 62 volumes de différens formats.

Jean Bouguer, professeur royal d'hydrographie au Croisic, né à Saint-Molf, village qui n'en est éloigné que d'un myriamètre, a donné, en 1699, un Traité complet de la navigation, propre à former de bons pilotes.

Pierre Bouguer, son fils, naquit au Croisic en 1698. Habile à profiter des leçons que lui donna son père, il fit de grands progrès dans les hautes sciences, et remporta, à l'âge de 29 ans, le prix proposé par l'Académie, sur la mâture des vaisseaux. En 1729 il en remporta un second sur la meilleure manière d'observer les astres à la mer; et en 1731 un troisième sur la Méthode la plus avantageuse pour observer à la mer la déclinaison de l'aiguille aimantée. Bouguer s'acquit des titres plus solides à l'admiration des savans, en publiant son *Traité de la gradation de la lumière*. Son génie pour la physique se montre partout dans cet ouvrage rempli de recherches fines et ingénieuses.

En 1736, il fut choisi avec Godin et la Condamine, pour aller à l'Equateur déterminer la forme de notre globe. Au retour de cette glorieuse expédition il publia sa *Théorie de la figure de la terre.* Cet ouvrage mit le comble à la réputation de Bouguer; mais les dernières années de la vie de cet homme célèbre furent troublées par des disputes littéraires. S'imaginant que la Condamine, qui était plus homme de lettres que lui et plus répandu dans le monde, voulait s'approprier tout le mérite de l'expédition du Pérou, il l'attaqua avec aigreur. La Condamine se défendit avec décence et de manière à être lu. Ses repliques désolèrent le malheureux Bouguer, qui mourut probablement de chagrin, le 15 août 1758. Il a donné au public des ouvrages d'un mérite incontestable sur l'optique, l'astronomie, l'hydrographie. Il a travaillé pendant trois années environ au Journal des Savans.

Lespine (René-Timothée), gentilhomme du Croisic, est l'auteur d'un petit poëme dont le tems n'a pas flétri les grâces. Il est intitulé : *De la Parure des Dames.* Lespine est mort en septembre 1610.

Son fils, René, gentilhomme de Lespine, a aussi vu le jour en cette ville, la même année 1610, selon l'inscription qui se lit sur l'estampe de son portrait. Il y est ainsi désigné : *René, gentilhomme, sieur de Lespine, croisiquais*, page de Monseigneur (*Gaston, duc d'Orléans*), frère du Roi Θεου Διδοντος (*donné de Dieu*). L'estampe est environnée des attributs du parnasse et de la guerre. On lit au bas deux inscriptions, l'une en vers latins, l'autre en vers français, conçue en ces termes :

Qu'on ne cherche plus Mars en Thrace,
Ni dans Amathonte l'Amour,
Ni Phébus sur le mont Parnasse,
Voici leur unique séjour.

On a de René de Lespine un petit recueil d'environ 50 feuillets *in*-12, contenant quelques pièces de poésies de ce Breton : parmi ces pièces il y en a une d'environ 40 vers, faite sur-le-champ, dans la maison de M. le prince de Condé, qu'on appelait alors M. le duc. Il la fit à l'occasion d'un coup de tonnerre qui venait d'écraser une couronne ducale, posée sur le pilier de l'escalier de cette maison. Le poète en tirait, dans ces vers, un augure de la naissance d'un dauphin, ce qui arriva en effet quelque tems après. Cette heureuse rencontre valut à l'auteur plusieurs complimens en vers et le titre de poéte royal.

Il me reste à vous parler maintenant du célèbre Desforges-Maillard, que j'aurais placé à la tête de cette notice, si l'ordre des dates ne m'en eût empêché. J'emprunterai, pour vous le faire connaître, une grande partie de l'article que lui a consacré M. de Kerdanet, dans sa Biographie Bretonne, où j'ai puisé ce que vous venez de lire sur Bouguer et l'Espine.

Desforges-Maillard (Paul), des Académies d'Angers, de la Rochelle, de Caen, de Nancy, etc., né au Croisic, le 25 avril 1699, mort en 1772.

En 1730, Desforges-Maillard composa pour le prix de poésie de l'Académie Française. Le sujet était : *Les progrès de l'art de la navigation, sous le régne de Louis XIV*. Sa pièce ne fut point couronnée, et il crut devoir en appeler au public. Il envoya, du Croisic, où il a presque toujours fait sa résidence, son poème au chevalier de La Roque qui rédigeait alors le *Mercure de France*. Un parent de l'auteur présenta très-humblement l'ouvrage au journaliste. Celui-ci le refusa, alléguant, pour toute raison, qu'il ne voulait pas se brouiller avec MM. de l'Académie. Le parent insista ; La Roque, dans un mouvement de colère, jeta le poème au feu, en jurant qu'il n'imprimerait jamais rien de la façon de Desforges. Ce dernier en fut inconsolable. Il était occupé de ce désastre à Brédérac, petite maison de campagne sur les bords de la mer, et de laquelle dépend une vigne qui se nomme *Malcrais*. Il lui vint dans l'esprit de forcer *l'inflexible La Roque* à l'imprimer malgré son serment. Il se féminisa sous le nom de M.lle *Malcrais de la Vigne*. Il fit part de son idée à une femme d'esprit de ses amies, qui la trouva charmante, et se chargea d'être son secrétaire. Elle transcrivit plusieurs pièces en vers. On les adressa à La Roque qui en fut enchanté ; il se prit même d'une belle passion pour la Minerve du Croisic, et dans une de ses lettres, il s'émancipa jusqu'à lui dire : « Je » vous aime, ma chère bretonne, pardonnez-» moi cet aveu ; mais le mot est lâché. » Il ne fut pas la seule dupe de cette supercherie. Mlle *Malcrais de la Vigne* devint la dixième Muse, la Sapho, la Deshoulières du Parnasse français. Il n'y eut pas de poète qui ne lui rendît ses hommages par l'entremise du *Mercure*. On ferait un volume de tous les vers publiés à sa louange. DESTOUCHES se signala et se rendit garant de la beauté de Mlle *de Malcrais.*

De ses beaux yeux le feu charmant
Pénètre jusqu'au fond de l'ame !
Qui la voit, l'entend un moment,
Ressent la plus ardente flamme,
Et fait en soi-même serment
De l'aimer éternellement.

VOLTAIRE du moins borna ses éloges aux talens de la Demoiselle. Il lui envoya l'histoire de Charles XII et la Henriade, avec un épitre en vers, qui commençait ainsi :

Toi, dont la voix brillante a volé sur nos rives ;
Toi, qui tiens dans Paris nos Muses attentives ;
Qui sais si bien associer
Et la science et l'art de plaire,
Et les talens de Deshoulière,
Et les études de Dacier ;

J'ose envoyer aux pieds de ta Muse divine
Quelques faibles écrits, enfans de mon repos.
Charles fut seulement l'objet de mes travaux,
    Henri-Quatre fut mon héros,
    Et tu seras mon héroïne.

On conçoit aisément quelle dût être la surprise des soupirans, lorsque Desforges vint à Paris. Son retour à son sexe ne trouva pas la même indulgence dans ses adorateurs : ils furent piqués d'avoir été trompés. Dès que la chimère dont ils s'étaient amusés eut disparu, ils regrettèrent l'encens qu'ils lui avaient prodigué.

Desforges-Maillard a lui-même publié ses Œuvres en deux volumes in-12. Tout ce recueil ne nous offre rien de plus simple et de plus ingénieux que cette épigramme anacréontique :

Sylvie, au fond d'un bocage,
Me faisait de deux moineaux
Remarquer le badinage
Sous les feuillages nouveaux ;
L'un d'eux quitta la partie :
Ah ! dit l'aimable Sylvie,
Avec un air désolé,
C'est le mâle, je parie,
C'est lui qui s'est envolé !

La métamorphose de Desforges-Maillard nous a procuré le chef-d'œuvre de *la Métromanie*, de Piron, qui ne prétendait pas ridiculiser Desforges, comme l'ont avancé les auteurs d'un Dictionnaire historique, mais s'égayer un peu aux dépens de Voltaire, qu'il peint cependant du plus beau coloris dans le rôle de l'Empirée.

J'ajouterai à cette notice sur Desforges, que ce poète eut des relations d'amitié avec Paul-Christophe Gautron de Robien, président à mortier au parlement de Bretagne, qui avait fait une étude particulière de l'histoire naturelle et des antiquités de cette province. Desforges composa les vers suivans, pour être mis au bas du portrait de M. de Robien :

Magistrat équitable, ami sûr et sincère,
Digne de ses nobles aïeux ;
La probité, l'honneur forment son caractère ;
Et son beau cabinet a de quoi satisfaire
Les savans et les curieux.

J.-B. Rousseau, le prince des poètes lyriques, ne laissa point échapper l'occasion de rendre hommage à Desforges. On lit ce quatrain sur une estampe gravée par Taujé, représentant le poète croisiquais.

Si, sous un nom d'emprunt, autrefois si charmant,
Maillard brilla sur le Parnasse ;
Aujourd'hui, sous le sien, encor plus dignement,
Il sait y conserver sa place.

FIN.

TABLE.

NOTICE SUR GUERANDE ET SES ENVIRONS.

Poètes, Prosateurs, Mathématiciens.

Carte
DES ENVIRONS DE GUERANDE,
pour servir au précis historique
de M. J. Morlent
Guignard de Brisay, Géomètre.
1819.
De l'Imprimerie de Mellinet Malassis à Nantes.
Nord
Sud
Ouest
GOLFE DE GASCOGNE
Marzan
Billiers
Prières
Arzal
Entrée de la Vilaine
Camoil
les Mats
Pte de Pennetin
Pte de Lescalo
Pennetin
Ferel
Ile du Pilier
Baye de Pennebé
Asserac
Pte de Mesquer
Ile Dumetz
Mesquer
St Molf
Pte de Piriac
Piriac
Mine d'Etain
Pte de Lasteily
la Turballe
ANSE DE PENBRON
GUERANDE
la Ruelle
Basse Glosen
le Gouenaret
Pte du Croisic
la Cabasse
Le Four
Ki Kerie
LE CROISIC
Marais Salants
Batz
Pte de Painchateau
la Pierre Per

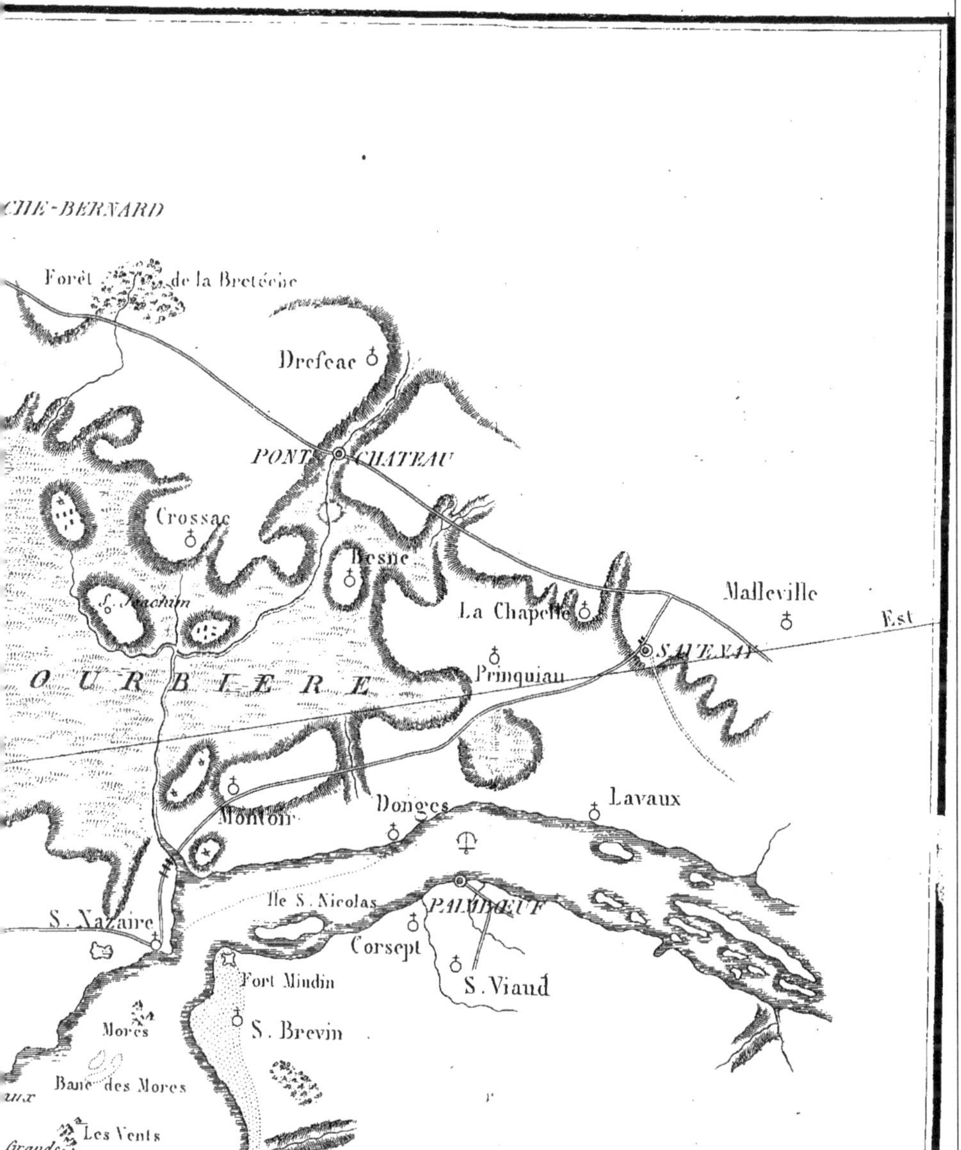

CHE-BERNARD

Forêt de la Bretéche

Drefeac

PONT CHATEAU

Crossac

Besne

S. Joachim

La Chapelle

Malleville

Est

SAVENAY

O U R B I E R E

Prinquiau

Lavaux

Donges

Montoir

Ile S. Nicolas

PAIMBEUF

S. Nazaire

Corsept

S. Viaud

Fort Mindin

S. Brevin

Mores

Banc des Mores

aux

Les Vents

Grands

Charpentiers

La Truye

Echelle de quatre lieues de chacune 2400 Toises, ou 25 au Dégré.

1 2 3 4

Myriamètres.

2/5 4/5 2/5 1/5 1 2

Gravé par Sampier

www.ingramcontent.com/pod-product-compliance
Ingram Content Group UK Ltd.
Pitfield, Milton Keynes, MK11 3LW UK
UKHW021043200726
13857UKWH00003B/788

9 782013 049382